Die Schweiz als Realität und als Sehnsuchtsort jenseits der Grenze wird zum Gegenstand einer ungewöhnlichen folie à deux, einer Passion zu zweit: Er liebt die Schweiz, und sie liebt den Schweizer in jedem Manne. Dabei verlieren sich beide auf den Paßhöhen Graubündens und den Hochebenen des Jura in einen Zustand der Exaltation, der den Blick in die Abgründe der Seele und die Tiefen der europäischen Geschichte eröffnet. Die merkwürdige Fallgeschichte dokumentiert einen vielschichtigen Trip: Die Reise in die Berge führt in eine andere Sprache, in eine andere Welt und eine andere Zeit, und sie entführt den Leser in einen anderen Zustand.

Dietrich Schwanitz war Professor für Anglistik und lebt heute als freier Autor in Hamburg. Er spricht fließend Schweizerdeutsch. Zuletzt erschien von ihm: ›Bildung‹ (1999).
Angela Denzel ist Deutschlehrerin in Heidelberg. Sie spricht fließend Mittelhochdeutsch.

Dietrich Schwanitz
Angela Denzel

Schweiz
Liebesprobe jenseits
der Baumgrenze

Kleine Philosophie der Passionen

Deutscher Taschenbuch Verlag

Originalausgabe
Dezember 2000
© Deutscher Taschenbuch Verlag GmbH & Co. KG, München
www.dtv.de
Das Werk ist urheberrechtlich geschützt.
Sämtliche, auch auszugsweise Verwertungen bleiben vorbehalten.
Umschlagkonzept: Balk & Brumshagen
Umschlagbild: © Alfons Holtgreve
Satz: Design-Typo-Print GmbH, Ismaning
Gesetzt aus der Bodoni Book 12/14 Punkt (QuarkXPress 3.32 Mac)
Druck und Bindung: C. H. Beck'sche Buchdruckerei, Nördlingen
Gedruckt auf säurefreiem, chlorfrei gebleichtem Papier
Printed in Germany · ISBN 3-423-20419-2

Inhalt

Vorbemerkung

Die Geschichte der eigenartigen Leidenschaft, die auf den folgenden Seiten entfaltet wird, hat mir Dietrich Schwanitz in einem Café in Heidelberg erzählt. Sie ist unzweifelhaft biographisch, denn seit unserer gemeinsamen Schulzeit am Gymnasium habe ich gewußt, daß er einen besonderen Bezug zur Schweiz hatte.

Wenig später trat der Deutsche Taschenbuch Verlag mit der Bitte an ihn heran, über seine Passion für die Schweiz ein Buch zu schreiben. Erst zögerte er, und schließlich lehnte er mit der Begründung ab, er müsse schließlich die Privatsphäre der Frau schützen, die in der Geschichte die Hauptrolle spiele.

Ich hielt das für eine Ausflucht. Von Beginn an hatte ich an der Existenz dieser Frau gezweifelt. Ich hielt sie für eine Erfindung, einen Wunschtraum, eine Phantasiegestalt, die er benutzte, um sich selbst zu schützen. Und doch war es diese (erfundene?) Frau, die der Sache durch Zufall eine neue Wendung gab. (Aber was heißt hier Zufall? Wenn man sich intensiv mit einer Sache beschäftigt, wird man eben zufallsempfindlich.) So wollte es der Zufall, daß ich in einem Restaurant der Unterhaltung zweier Psychiater zuhören mußte, die lauthals über ihre Fälle debattierten. Dabei sprach der eine von ihnen über eine Patientin, die offenbar an der gleichen Störung litt wie die geheimnisvolle Frau aus Dietrich Schwanitz' Geschichte.

Ich brachte den Namen des Psychiaters in Erfahrung und beschloß ihn aufzusuchen.

Doch als ich mir überlegte, was ich erzählen wollte, kam mir die Geschichte für die mündliche Mitteilung zu verwickelt vor. Also setzte ich mich hin und schrieb sie auf. Bevor ich das Manuskript an den Psychiater schickte, zeigte ich es Dietrich Schwanitz, um sein Plazet einzuholen. Er war dagegen, den Psychiater einzuweihen, zog aber sein Veto gegen eine Publikation bei <u>dtv</u> zurück. Seine Begründung dafür war etwas zweischneidig: die Frau sei nicht mehr wiederzuerkennen. Ihre Privatsphäre sei also geschützt. Er selbst fühle sich gut getroffen. Und wenn ich das Ganze durch das Vorwort eines Herausgebers rahmen und dadurch noch weiter distanzieren würde, sei er bereit, mein Manuskript für die Veröffentlichung zu bearbeiten. Über diesen Umweg hat die Geschichte ihre endgültige Form gefunden.

Angela Denzel

Vorwort des Herausgebers

Auf den folgenden Seiten wird von Rex und Hermia die Rede sein. Natürlich sind das Pseudonyme. Wir hielten es für selbstverständlich, die Privatsphäre der Patienten zu schützen. Wir – das sind die Autorin und ich.

Ich spreche von Patienten, obwohl im strengen Sinne nur von einer Patientin – Hermia – die Rede sein kann. In ihrem Bericht bezeichnet sie mich übrigens als Psychoanalytiker. Das ist nicht ganz korrekt. Ich bin Neurologe und Psychiater. Und ich bin auch kein Schweizer, wie sie behauptet. Doch wegen ihrer Fixierung auf die Schweiz habe ich sie während der Therapie einmal aufgefordert, sich vorzustellen, ich sei ein Schweizer. Wohin das geführt hat, soll der Leser beurteilen.

Trotzdem muß man von zwei Patienten sprechen. Denn wie die folgenden Aufzeichnungen zeigen, handelt es sich bei Hermias Störung um eine sogenannte folie à deux, einen Wahnsinn zu zweit. Ihr Problem ist deshalb ohne die Einbeziehung von Rex' Geschichte nicht zu verstehen. Deshalb beginnen wir diese Dokumentation mit seinem Bericht.

Das Phänomen der folie à deux ist bekannt geworden, nachdem man sich im Zuge der kommunikativen Wende durch Bateson, Beavin, Jacksson, Laing und andere in der Psychiatrie zunehmend mit pathologischen Beziehungsmustern beschäftigt hat, in denen zwei eng miteinander verbundene Menschen – meist, aber nicht notwendigerweise beiderlei Geschlechts – eine Wahnidee, eine

9

Obsession oder eine Passion teilen, die ihre Beziehung stabilisiert und ihr Dauer verleiht.

Die vorliegende Fallgeschichte von Rex und Hermia ist insofern bemerkenswert, als der Gegenstand der Passion so außergewöhnlich ist: es ist die Schweiz. Weil ein derartiger Fall in der einschlägigen Literatur noch nie beschrieben worden ist, legen wir ihn der interessierten Öffentlichkeit vor. Dabei lassen wir die Berichte der beiden für sich selbst sprechen. Abgesehen von einigen rein technischen Bereinigungen im Dienste der Verständlichkeit – es handelt sich zum Teil um die Wiedergabe wörtlicher Rede – haben wir sowohl Rex' als auch Hermias Bericht über die Entstehung ihrer Obsession völlig unverändert gelassen. Wir glauben damit dem Leser auf überzeugendere Weise vor Augen führen zu können, was ein Wahn zu zweit ist, als wenn wir sie aus der Perspektive des Diagnostikers fortlaufend kommentiert hätten. Der psychologisch interessierte Leser sei statt dessen auf das enzyklopädische Stichwort über »folie à deux« (s. S. 127) verwiesen.

Der Herausgeber
Dr. Martin Württemberger

Rex' Vortrag über die Schweiz

Ursprung und Beschaffenheit

Ich berichte hier von einem Land, das sich nicht damit begnügt, sich einfach auszubreiten und dazuliegen wie ein Bettuch, nein, dieses Land folgt seinen im Abendrot glühenden Berggipfeln auf die Höhe von über 4000 Meter und stürzt tiefer als seine tiefsten Schluchten in ein unterirdisches Höhlensystem, mit dem es seine steinige Erde durchlöchert hat. Die Rede ist von dem ruhmreichen Land der Dreidimensionalität, der Schweiz.

So wie nach neuen Berechnungen der Chaostheorie die Küsten einer Insel unendlich lang sind, ist auf Grund der Verfaltung ins Vertikale die Oberfläche der Schweiz viel größer, als der Blick auf den Atlas vermuten läßt. Der Zürcher Historiker Fürchtegott Huldreich Bögli aus dem 17. Jahrhundert äußert gar die Ansicht, die vergleichsweise geringe Ausdehnung der Schweiz sei eine List der Ureinwohner, um ihr Land nicht so groß erscheinen zu lassen und den Neid der Nachbarn zu erregen. Dagegen hat sein Basler Rivale Jakob Samuel Kägi eingewandt, es sei geradezu umgekehrt: der Druck der großen Nachbarn habe die Schweiz zusammengepreßt und ihr Land in die Höhe gefaltet.

Anderes berichtet wiederum der Gründungsmythos der Schweiz, den man sich in den Schluchten des Bergell, den Almhütten des Berner Oberlandes und an den Bankschaltern in Zürich erzählt:

Als der liebe Gott den Schweizer gemacht hatte, hat er ihn gefragt: »Was willst du haben?« Denn der Herr sprach Schriftdeutsch. Da antwortete der Schweizer: »Berge«. Also hat der liebe Gott ihm Berge gemacht. Doch als er sah, daß dem Schweizer noch etwas fehlte, fragte er ihn: »Willst du noch etwas haben?«

»Ja, gärn«, sagte der Schweizer, »i hätt' gärn Chühe«, was soviel wie Kühe bedeutete. Aber der Herr verstand ihn trotz dieser merkwürdigen Aussprache und machte ihm Kühe. Es waren hübsche Kühe mit sanften Augen und einem Fell so fein und seidig wie ein Teppich im Zelte Davids und Salomons aus der Werkstätte Sabas. Doch nun war der Schweizer kühn im Wünschen geworden, und ohne gefragt zu werden, sagte er: »I hätt' gärn, daß die Chühe Milch gä.« Da rührte der Herr die Kühe an, und sie gaben Milch. Und der Schweizer zog eine Schale aus seinem Gewand, hielt sie unter den Euter und molk die Milch hinein. Darauf trank er. Da aber sein Gesicht ausdruckslos blieb, fragte der Herr: »Darf ich auch einmal kosten?« Und der Schweizer reichte ihm die Schale mit Milch. Da trank der Herr von der Milch, und er sah, daß sie gut war. Als aber der Herr getrunken hatte, streckte der Schweizer seine hohle Hand zum Herrn und sagte: »Das koschtet jetzt aber 3 Frankche 50.«

Das Land der Schweiz dehnt sich so weit, wie der Schall der Alphörner seiner Berghirten vom diskreten Rascheln der Schecks begleitet wird, die in den unterirdischen Gewölben von Zürich von Hand zu Hand gleiten. Der berühmte Schweizer Schriftsteller Urs Dänikon, der die Theorie vertritt, daß die Schweizer von Astronauten abstammen, hat sogar ausgerechnet, daß, legte man

alle Schecks und Banknoten, die in den Tresoren der Zürcher Banken lagern, aufeinander, ein Turm entstünde, an dem man mit Steigeisen bis zum Mond emporklettern könnte. Denn das ist auch wahr: der Himmel wölbt sich weit über der Schweiz, und man schaut ständig zu ihm auf, weil man mit den Augen den Silhouetten der himmelstürmenden Berge folgt.

Die Luft ist geschwängert vom Schall der Kuhglocken auf den Weiden und von den tausend Gerüchen des Schweizer Nationalproduktes: des Käses. Angefertigt nach uralten helvetischen Rezepten und gereift in den zahllosen Steingewölben der Käsereien, erreicht er den Gaumen des Schweizers in so zahlreichen und mannigfaltigen Formen, daß man mit ihnen einen Bildatlas der Kantone illustrieren könnte. Da gibt es den Emmentaler mit den großen Löchern, den Appenzeller aus dem Kanton, der sich in Innerrhoden und Außerrhoden teilt, den Greyerzer und den köstlichen Tête de Moine, den Mönchskopf aus dem Jura, dem man den Skalp abschneidet und, nachdem man den würzigen Käse abgeschabt hat, wieder aufsetzt, um ihn vorm Austrocknen zu bewahren – eine Köstlichkeit, die selbst Heliogabalus nicht verschmäht hätte.

Bewohner und Geschichte

Obwohl sie sich nicht leiden können, leben in der Schweiz die verschiedensten Völker und Stämme einträchtig zusammen. Damit bieten sie dem Rest der Welt ein leuchtendes Beispiel und sind selbst ein Modell der Welt, wie sie sein könnte.

Der größte Teil der Bewohner wird von den Deutschsprachigen gestellt. Aber wenn ich sage deutschspra-

chig, so ist das eine Art Übertreibung. Andererseits ist es aber auch nicht falsch, weil das, was man in der deutschen Schweiz spricht, keiner anderen Sprache zuzurechnen ist. Zugleich muß man zugeben, daß ein Deutscher dieses Deutsch nicht verstehen kann. Denn es handelt sich im selben Sinne um Schweizer Deutsch, in dem ein Schweizer Käse auch nicht einfach ein Käse, sondern eben ein besonderer Käse ist. Für den Moment aber sollten wir es dabei belassen, daß die Deutsch-Schweizer Deutsch sprechen.

Sie stehen den französisch-sprachigen Schweizern im Westen gegenüber, die sie aber Welsche nennen. Die Welschen lernen in der Schule Hochdeutsch, so daß sie die Deutsch-Schweizer nicht verstehen können. Das hat eine weise Regierung so eingerichtet, damit die Welschen nicht verstehen, was die Deutschen über sie sagen, und es trägt zum inneren Frieden bei.

Südlich der Alpen, im palmenbestandenen Tessin, wo die deutschen Arbeiter ihre Villen haben, spricht man Italienisch; und in Graubünden leben die Rätoromanen, die vor den eindringenden Germanen in ihre tiefen Täler und auf ihre hohen Almen geflohen sind und ihren lateinischen Dialekt mitgenommen haben. Schon beim Klang der Graubündner Namen weht den Fremden der romantische Hauch eines Landes an, das seinen Ort allein in der menschlichen Sehnsucht hat: Albula, Silvretta, Flüela-Paß, Montafon, Greina, Bergell, Thusis, Umbrail, Scaletta, Sargans – die Worte klingen, als bezeichneten sie Orte aus einem erdichteten Land.

Und damit sind wir bei einem Geheimnis der Schweiz angelangt, auf dessen Verrat bis vor kurzem hohe Strafen

standen: Die Schweiz hat sich selbst erfunden. Sie ist ein Ergebnis der Dichter. Und das kam so: Im finsteren Mittelalter wurden die Bauern in Uri, Schwyz und Unterwalden von einem Österreicher arg bedrückt. Sie waren schon im Begriff, sich diesem finsteren Österreicher zu unterwerfen, als eine dänische Wandersage daherkam. Diese berichtete von einem bösen Tyrannen, der einen aufrechten Mann dazu zwang, vom Kopf seines Sohnes einen Apfel mit der Armbrust herunterzuschießen. Die Schweizer erkannten sofort die werbewirksame Kraft, die in dieser Erzählung lag, und verbreiteten, die Geschichte habe sich tatsächlich an den grauen Hängen des romantischen Vierwaldstätter Sees zugetragen. Sie sei verbürgt und bezeugbar, ja, man war sogar in der Lage, die Namen der Beteiligten zu nennen: der Tyrann hieß Geßler, und der Schütze, dem es gelungen sei, den Apfel auf dem Kopf seines Sohnes zu treffen, heiße Wilhelm Tell. Die Begebenheit sei zum Ausgangspunkt einer Revolte geworden, die in einem Beistandsschwur der aufständischen Orte gegen die Österreicher gipfelte. Das Ganze sei am Rütli, einem bis dahin unbekannten Ort oberhalb des Vierwaldstätter Sees, passiert.

Die Geschichte entfaltete augenblicklich eine unheimliche Kraft. Zunächst verlieh sie den Schweizern einen Namen: Eidgenossen. Dann kettete sie an diesen Namen das Ereignis des wechselseitigen Treuegelöbnisses, so daß jeder, der den Schwur brechen wollte, sofort seine Identität verlor. Damit schlang die Geschichte ein einigendes Band um die Schweizer und demoralisierte die Österreicher so sehr, daß sie jede Schlacht verloren. Das ging fortan auch anderen Feinden der Schweizer so, wie

zum Beispiel den Burgunden Karls des Kühnen. Regelmäßig fielen die einen oder die anderen in die Schweiz ein, um sich besiegen zu lassen. Denn die Schweizer kämpften nicht wie Ritter, hochgerüstet vom Pferd herab. Vielmehr waren sie Bauern, die zu Fuß mit ihren langen Lanzen die Ritter von ihren Pferden stocherten und sie, wenn sie dann wie Käfer hilflos auf dem Rücken lagen, unter dem Absingen mundartlicher Lieder abschlachteten. Auf diese Weise erwarben sich die Männer aus Uri, Schwyz, Unterwalden, aus Bern, Zug und Appenzell, aus St. Gallen und aus Grindelwald und Thun bald den Ruf der Unbesiegbarkeit. In der Regel ergriffen die feindlichen Heere bereits die Flucht, wenn sie die kehligen schweizer-deutschen Schlachtrufe von ferne hörten.

Notfalls halfen die Schweizer Heerführer durch ein Mittel nach, das sofort die Nerven der Feinde ruinierte: Nach einem Vorspiel von verschärftem Kuhglockengeläut traten 300 Elitesoldaten vor. Jeder hielt in seinen Händen einen großen Steingut-Topf – auf schweizerdeutsch »Hafen« genannt –, in dem er durch eine geschickte, gleichmäßig rotierende Bewegung einen Eisenring kreisen ließ. Das Geräusch, das dadurch entstand, wirkte so, daß die Vögel im Walde verstummten und sich der Bär im Berner Bärengraben in den letzten Winkel verkroch. Es war, als ob die Welt den Atem anhielte, weil eine Streitmacht von himmlischen Kampfwagen mit Eisenrädern sich näherte. Der Ton hatte etwas definitiv Apokalyptisches und klang wie die Nemesis selbst. Und wenn der Gegner mit zerfetzten Nerven eine Weile gegen das Zittern seiner Knie angekämpft hatte, gaben ihm die Schweizer den Rest, indem sie den mark-

erschütternden Orgelton von 500 Alphörnern hören ließen, der, an der unteren Schwelle des Hörbereichs, die Eingeweide ohne den Umweg über das Ohr trifft. Dann verließ auch die Tapfersten der Mut, und alle, die bisher sich als wilde Kämpfer erwiesen hatten, wurden furchtsam wie Rehe und stoben in wilder Flucht davon.

Auf diese Weise verbreitete sich der Ruhm der Schweizer Kämpfer bis an die vier Enden der Welt, so daß die Löwen sich in ihre Höhlen verkrochen, wenn sie nur von ferne einen Schweizer Käse rochen. Und so kam es, daß die großen Fürsten Europas, wie der Papst und der König von Frankreich, die sich ungern von unzuverlässigen Landsleuten aus der eigenen mörderischen Verwandtschaft bewachen ließen, sich mit Palastwachen aus Schweizern umgaben. Unsterblich geworden ist der Satz jenes Hauptmanns der Schweizer Garde bei der Attacke der französischen Revolutionäre auf Ludwig XVI.: »Die Garde stirbt, aber sie übergibt sich nicht.« Erst heute hat der Schweizer Historiker Jakob Füssli nachgewiesen, daß der Satz bisher mißverstanden wurde. So wurde nicht berücksichtigt, daß der Hauptmann auf die Bemerkung eines Gardisten reagierte, der angesichts der heranstürmenden Revolutionäre gesagt hatte: »Mir wird schlecht!«

So kann das Schweizervolk auf eine ruhmreiche Geschichte zurückblicken, aus der die Männer Mut und die Frauen Langmut schöpfen.

Diese Langmut müssen die Schweizer Frauen immer dann aufwenden, wenn ihre Männer zu Militärübungen einrücken. Denn bis heute unterhält das tapfere Schweizervolk eine Milizarmee und verwirklicht damit die Idea-

17

le der Vordenker der Demokratie wie Guicciardini, Leonardo Bruni und vor allem der unvergeßliche Harrington. Jeder Schweizer Mann, sei er nun männlich, weiblich oder sächlich, hat zu Hause im Schrank seine Uniform mit geputztem Koppelschloß und Armeedolch hängen – daneben lehnt in der Ecke sein Karabiner, noch glänzend von der letzten Ölung –, und wenn das Volk ihn ruft, verwandelt er sich in den Bestandteil einer Armee und zeigt den Schwaben, daß ein Schweizer alles ertragen kann außer einen direkten Angriff.

Eingedenk der Tapferkeit seiner Männer hat das Schweizervolk auch länger als jedes andere Land an dem Unterschied der Geschlechter festgehalten, der sich über Jahrtausende der Arbeitsteilung bewährt hat. Und lange haben die Schweizer den Weibern das Wahlrecht verweigert. Wählen durfte nur der, der auch sein Vaterland mit der Waffe verteidigte und dem Gegner die Brust darbot wie der unvergessene Winkelried, der in der Schlacht bei Sempach rief: »Schweizer, ich will euch eine Gasse machen! Sorgt für mein Weib und meine Kinder!«, sodann die Speere der Feinde umarmte und in seiner Brust begrub und damit dem Schweizer Heer eine Bresche durch die waffenstarrende Phalanx des Gegners schlug.

Besonders augenscheinlich wurde dieser Zusammenhang, als die Männer von Appenzell die letzte Schlacht gegen die Emanzipation schlugen. Bis dahin kamen alle Männer, die eine Waffe trugen, zusammen, um den neuen Amtmann zu wählen. Würden sie den Weibern das Wahlrecht geben, so argumentierten sie, werde dieser uralte Brauch mit einem Male unmöglich, denn jeder

Mann fühlt sich unwohl, wenn seine Frau ihm dabei zusieht, wie er den Degen zieht und Parolen ruft. Und außerdem würde die Zahl der Wähler mit einem Schlag verdoppelt, so daß sie nicht mehr auf den Marktplatz von Appenzell paßt, was wiederum die Zahl der Touristen in bedauerlicher Weise vermindern würde, sagten die Männer von Appenzell. Aber die Appenzellerinnen haben die Appenzeller besiegt.

Gemäß der Zerklüftetheit des Landes ist der Charakter des Schweizers bodenständig und widerborstig. Zäh verteidigt er altes Herkommen und lokale Gewohnheit. Erst ein Bürgerkrieg war nötig, im Jahr 1848, um die Schweiz als Einheitsstaat zu begründen.

Bis dahin galt sie als Zusammenschluß souveräner Kantone.

Bis heute unterhält der Schweizer ein inniges Verhältnis zu seinem Heimatkanton. Die Kantone sind so zahlreich wie die Buchstaben im Alphabet: 26. Es gibt Kantone, die sich so weit erstrecken, wie der Ton des Alphorns dringt, oder solche, deren Grenzen noch durch den Geruch eines Stücks Appenzeller zu erreichen sind. Doch ob groß oder klein, jeder Kanton feiert seine Existenz durch ein Meer von Wappen und Fahnen. Die Wappen der Kantone sind ihren Bewohnern so lieb, daß sie sie sogar auf den Nummernschildern ihrer Autos tragen. Mit ihren bunten Farben sind sie das Entzücken der Schweizer Kinder und gewöhnen sie früh daran, bodenständig und heimattreu zu empfinden. So erfreut sich das Schweizerherz am steten Anblick von wehenden Fahnen und Wimpeln, und die Umzüge der Trachtengruppen und

Vereine werden belebt durch die Reihen enthusiastischer Fahnenschwinger.

Die Treue zum eigenen Kanton wird unter den Deutsch-Schweizern noch verewigt durch die mundartliche Prägung. In Bern spricht man anders als in Basel und in beiden anders als in Zürich. Und wiederum anders spricht man in Graubünden oder im sonnenbeschienenen Wallis. Da das Hochdeutsche als Fremdsprache gelernt und gesprochen wird, hat es die verschiedenartigen Mundarten nicht nivellieren können. Und so hallen die Berghänge wider vom sprachlichen Durcheinander der lokalen Dialekte. Einige der Mundarten bringen es dabei zu hoher Unverständlichkeit. So kann das Berndeutsche wegen seines Anteils an gutturalen und Krachlauten im Bewohner der Tiefebene den Schrecken des Unverständnisses hervorrufen.

Bekannt wurde folgende Geschichte: Während der Zeit der Sowjetunion verzichtete die Schweizer Botschaft in Moskau darauf, ihre Berichte zu verschlüsseln. Statt dessen übermittelte sie brisante Nachrichten auf Berndeutsch, der Sprache der Bundeshauptstadt. Das alarmierte den sowjetischen Geheimdienst, der eigentlich alle ausländischen Codes geknackt hatte. Dieser jedoch war ihm unbekannt. Man beschäftigte drei Monate lang über 50 Dechiffrierer, die anschließend wegen ihres Mißerfolgs teils Selbstkritik übten, teils nach Sibirien oder in verschiedene Arbeitslager geschickt wurden. Schließlich holte man den begabtesten Linguisten der Sowjetunion, Grigorij Michailowitsch Lubaschewskij aus dem Institut für Völkerfreundschaft in Moskau, der angeblich 182 Sprachen beherrschte. Dieser stellte nach

eingehendem Studium der Syntax und Semantik fest, die Sprache, die die Schweizer Botschaft benutzte, sei keine Sprache und offenbar von den Schweizern als Provokation der Sowjetunion erfunden worden. Bis heute kursiert in Schweizer diplomatischen Kreisen das Gerücht, dies habe nicht unerheblich zur Demoralisierung des Geheimdienstes und zur Auflösung der Sowjetunion beigetragen.

Die Bodenständigkeit – von den Einheimischen auch »Kantönligeischt« geheißen – hat eine reichhaltige Folklore der Lokalrivalitäten hervorgerufen. Des Abends, wenn sich von Osten die Nacht über die Schweiz senkt und die Schweizer an ihren Herdfeuern zusammenrücken, werden die Geschichten über die Langsamkeit der Berner erzählt. In ihnen wimmelt es von Fallschirmspringern, die erst nach einer harten Landung auf dem Misthaufen die Zahl drei aussprechen, bei der sie die Reißleine hätten ziehen sollen, oder von Paranoikern, die sich von Schnecken verfolgt fühlen. Und ebenso zahllos sind die Geschichten, die man sich in den Wirtschaften über die Kleinwüchsigkeit der Appenzeller oder die Kleptomanie der Thurgauer erzählt.

Diese Verwurzelung in uraltem Brauchtum und Herkommen hat die Schweizer aber nicht daran gehindert, sich dem Windhauch der Moderne zu öffnen. Ja, man kann sagen, daß die Schweiz geradezu ein Bündnis mit der Moderne geschlossen hat, um ihr die beiden wichtigsten Geheimnisse zu entlocken: das Geheimnis der Zeit und das Geheimnis des Geldes. Seit unvordenklichen Zeiten wird in der Schweiz die älteste Maschine der Welt

hergestellt: die Uhr. Sie produziert das erste Massenprodukt der Neuzeit. Ein Stück gleicht hier aufs Haar dem nächsten, und selbst für das scharfe Auge des Bündner Adlers ist nicht der geringste Unterschied zu sehen: ich meine Sekunden und Stunden. Der Chronometer liefert das, was ein heute vergessener Denker die ursprüngliche Akkumulation genannt hat: Zeit. An dieser Maschine, auf den kalten Höhen des Jura, von den besten Feinmechanikern der Welt hergestellt, lernte der Schweizer seinen Sinn für Präzision.

Diese Präzision paarte sich mit einem entschlossenen Kosmopolitismus und schuf so das modernste Hotelgewerbe der Welt. Berühmt ist die Genauigkeit, mit der dem Reisenden alles in Rechnung gestellt wird. Er kann sich hundertprozentig darauf verlassen, daß nichts von dem, was er verzehrt, besichtigt oder benutzt hat, übersehen oder vergessen wird. Ja, er kann sich selbst der völligen Sorglosigkeit überlassen – sein Hotelier kümmert sich schon um ihn.

Bis jetzt ist es nur einem italienischen Gast gelungen, einen Schweizer Hotelier um die Rechnung zu prellen. Und das kam so: Der Gast bemühte sich schon längere Zeit um die charmante Frau des Hoteliers, aber vergeblich. Sie bestand auf ihrer Tugend. Da erfuhr er, daß der Hotelier für einen Tag verreisen mußte, und verlangte die Rechnung. Er wolle ebenfalls abreisen, müsse aber noch bis zum Nachmittag warten, um sich das nötige Geld anweisen zu lassen. Der Hotelier übergab ihm am Morgen eine Rechnung über 3203 Franken und verabschiedete sich. Der italienische Gast aber ging zu der Gattin des Hoteliers und bot ihr 3203 Franken, wenn sie

sich ihm hingebe. Da konnte die Hoteliersgattin nicht widerstehen. Und sie genossen beide das Vergnügen des fleischlichen Einverständnisses. Am Abend kam ihr Ehemann zurück und fragte: »War der italienische Gast da?« Die Ehefrau erbleichte und nickte. »Hat er dir 3203 Franken gebracht?« »Das hat er«, hauchte die Ehefrau. »Siehst du, er hat es versprochen. Er ist doch ein ehrlicher Mensch, obwohl er Italiener ist.«

Der Ruf der Schweizer Gastfreundschaft verbreitete sich so unaufhaltsam über die Welt wie früher der Waffenruhm seiner Kämpfer. Diese ständig sprudelnde Einnahmequelle verwandelte im Verein mit einer durch eine weise Regierung gehüteten Friedenszeit die Schweiz langsam in eine Bank. Dies ist die Opferstätte der Moderne. Zu dieser tragen die Großen und Wohlhabenden dieser Welt ihr Geld. Dort ruht es auf sogenannten Konten. Aber die göttliche Kraft bewirkt, daß es, obwohl es ruht, zugleich arbeitet. Und während es arbeitet, vermehrt es sich wie die Herden des Laban unter der Obhut des Jakob. Denn der Herr hat die Konten gesegnet.

Aber wie Jakob behält einen Teil des vermehrten Geldes der Hirte, und das zeigt, wieso die Schweizer, die ursprünglich ein Volk von Berghirten waren, sich besonders gut dazu eigneten, das Geld der Welt zu hüten. Und so wie der Hirte sich im Frühling am Blöken der Lämmer erfreut, so lacht dem Bankier das Herz im Leibe, wenn er dem feinen Zirpen der Nullen vor dem Komma lauscht, das nur in der tiefsten Stille der unterirdischen Tresore zu hören ist.

Auf den Spuren des Jürg Jenatsch:
Durch Graubünden zum Julier-Pass

In diesem Kapitel müssen wir berichten, wie das Land der Schweizer aus zahlreichen Landschaften entstand, die erst nach einer wechselvollen Geschichte zum Kernland stießen.

Von bemerkenswerter Art sind dabei die Begebnisse in Graubünden, die an Wildheit der Schroffheit seiner Felsen und Geröllhalden nicht nachstehen. Die Historie hat sich im Dreißigjährigen Krieg zugetragen und wurde vom Zürcher Amtsschreiber Heinrich Waser aufgeschrieben und von dem Dichter und großen Depressiven Conrad Ferdinand Meyer für uns neu erzählt. Sie beginnt mit einer Schilderung des Julier-Passes.

»Die Mittagssonne stand über der kahlen, von Felshäuptern überragten Höhe des Julier-Passes im Lande Bünden. Die Steinwände brannten und schimmerten unter den stechenden senkrechten Strahlen. Zuweilen, wenn eine geballte Wetterwolke emporquoll und vorüberzog, schienen die Bergmauern näher heranzutreten und, die Landschaft verengend, schroff und unheimlich zusammenzurücken. Die wenigen zwischen den Felszacken herniederhängenden Schneeflecke und Gletscherzungen leuchteten bald grell auf, bald wichen sie zurück in grünliches Dunkel. Es drückte eine schwüle Stille. Nur das niedrige Geflatter der Steinlerche regte sich zwischen den nackten Blöcken, und von Zeit zu Zeit durchdrang der scharfe Pfiff eines Murmeltieres die Einöde.

In der Mitte der sich dehnenden Paßhöhe standen rechts und links vom Saumpfade zwei abgebrochene Säulen, die der Zeit schon länger als ein Jahrtausend trotzen moch-

ten. In dem durch die Verwitterung beckenförmig ausgehöhlten Bruche des einen Säulenstumpfes hatte sich Regenwasser gesammelt. Ein Vogel hüpfte auf dem Rande hin und her und nippte von dem klaren Himmelswasser.

Jetzt erscholl aus der Ferne, vom Echo wiederholt und verhöhnt, das Gebell eines Hundes. Hoch oben, an dem stellenweise grasbewachsenen Hange, hatte ein Bergamasker Hirt im Mittagsschlafe gelegen. Nun sprang er auf, zog seinen Mantel fest um die Schultern und warf sich in kühnen Schwüngen von einem vorragenden Felsturme hinunter zur Einholung seiner Schafherde, die sich in weißen, beweglichen Punkten nach der Tiefe hin verlor. ... Und immer schwüler und stiller glühte der Mittag. Die Sonne rückte vorwärts, und die Wolken zogen.

Am Fuße einer schwarzen, vom Gletscherwasser befeuchteten Felswand rieselten die geräuschlos sich herunterziehenden Silberfäden in das Becken eines kleinen Sees zusammen. Gigantische, seltsam geformte Felsblöcke umfaßten das reinliche, bis auf den Grund durchsichtige Wasser.«

Das mag einen Eindruck vermitteln von der Landschaft, die zum Schauplatz der folgenden Geschichte wird, wie sie uns der Chronist Heinrich Waser überliefert hat.

Als Bischof Peter von Chur, Herr über das Domleschg oberhalb Stein, Engadin, Puschlav, Münstertal und Bergell, die weltliche Verwaltung seines Bistums im Jahre des Herrn 1367 an Österreich abtreten wollte, vereinigten sich der bischöfliche Dienstadel, das Domkapitel, die Stadt Chur und die zugehörigen Täler zum Gotteshausbund. 1395 schlossen der Abt von Disentis und die

Herren von Rhäzüns und Sax mit ihren Gemeinden den Grauen Bund, der am Ende des 15. Jahrhunderts durch den Beitritt der Herren des Misox- und des Calanca-Tales erweitert wurde. Um 1436 hatten sich die Gerichte von Malans, Prätigau, Davos, Schanfigg und Churwalden zum Zehn-Gerichte-Bund vereinigt. Schließlich wurde der Zusammenschluß dieser drei Bünde Graubünden genannt.

Die Verfassung dieses Gemeinwesens war demokratisch. An der Spitze jedes der drei Bünde stand der jährlich gewählte Landamman oder Oberster Richter. Die oberste Körperschaft war der aus Delegierten der drei Bünde zusammengesetzte Bundestag. Seine Beschlüsse mußten durch ein Referendum aller Gemeinden bestätigt werden. Die laufenden Geschäfte führte der Beitag, bestehend aus den drei Ammännern. Angestachelt durch die Übergriffe Österreichs, schloß Graubünden einen Freundschaftsvertrag mit der Eidgenossenschaft und erfocht in der Schlacht von Calven einen ruhmreichen Sieg über die Österreicher.

Mit der Reformation erklärte der Bundestag die Glaubensfreiheit. Darauf versank Graubünden Anfang des 17. Jahrhunderts in blutigen Parteienkämpfen um des Glaubens willen. Zum richtigen Kampf waren zwei Parteien nötig, die sich auch prompt einstellten: eine spanisch-österreichische Fraktion wütete gegen eine französisch-venezianische, die die Protestanten unterstützte. Sobald die eine Partei siegte, unterwarf sie die andere einem mörderischen Strafgericht. So kam es unter der Führung des Pompeius Planta am 20. Juli 1620 zu den Veltliner Protestantenmorden durch die österreichisch-spanische

Partei. Da warf sich der Pfarrer Jürg Jenatsch zum Führer der Protestanten auf und vertrieb mit Hilfe des Herzogs Rohan aus Frankreich die Spanier aus Graubünden. Und hier nimmt die Geschichte eine menschlich ergreifende Wendung. Jenatsch liebte Lukretia, die schöne, heißblütige Tochter seines Erzfeindes Planta, und wurde von dieser wiedergeliebt. Trotzdem verfolgte er mit seinen Prätigauern in föhnwarmer Nacht den Herrn Pompeius zu dessen festem Haus in Riedberg bei Thusis. Als er im Morgengrauen in dessen Haus einbrach, versteckte sich Planta in dem großen Kamin, indem er von unten in das Rauchloch stieg und sich im rußigen Dunkel verkeilte. Vergeblich durchsuchten Jenatsch' Männer das ganze Haus, Mord in den Augen. Sie wollten schon wieder abziehen, da merkten sie, wie ein blindes Hündchen unter dem Kamin stand und nach oben winselte. Da griff Jenatsch mit sehnigen Armen nach oben und zerrte den angststarrenden Herrn Pompeius, den Anstifter der Velt-liner Morde, am Schlafgewand aus dem Kamin herunter zur Erde. Dann hob er sein Beil und erschlug den Herrn von Planta auf Riedberg vor der entsetzten Dienerschaft.

Da der Herzog von Rohan Anstalten machte, Graubünden als Pfandobjekt für den Friedensschluß der Groß-mächte zu behalten, knüpfte Jenatsch geheime Verhand-lungen mit der spanischen Partei an, gewann die Graubündener für seine Schaukelpolitik, trat zum katho-lischen Glauben über, täuschte Rohan über seine Absichten und drängte mit österreichisch-spanischer Hilfe die Franzosen wieder aus dem Lande. Damit wurde er selbst als Gouverneur von Chiavenna zum eigentli-chen Herrn des nun befreiten Graubündens. Aber der

alte Diener des Pompeius Planta hatte die Axt, mit der sein Herr erschlagen worden war, aufbewahrt. Er brachte sie mit auf ein Gelage, das eine Reihe Verschwörer zum Mord an Jenatsch nutzen wollten. Aus den Memoiren Rohans wissen wir, daß auch Lukretia anwesend war, zerrissen zwischen der Liebe zu Jenatsch und der Pflicht, ihren Vater zu rächen. Und so beschreibt Conrad Ferdinand Meyer die Todesstunde des Befreiers von Graubünden:

»Lautlos sank der alte Knecht auf Lukretias Füße. Sie neigte sich zu ihm nieder, und er gab ihr mit brechendem Blicke das blutige Beil in die Hand. Es war die Axt, die einst den Herrn Pompeius erschlagen hatte. In Verzweiflung richtete sie sich auf, sah Jürg schwanken, von gedungenen Mördern umstellt, von meuchlerischen Waffen umzuckt und verwundet, rings und rettungslos umstellt. Jetzt, in traumhaftem Entschlusse, hob sie mit beiden Händen die ihr vererbte Waffe und traf mit ganzer Kraft das teure Haupt. Jürgs Arme sanken; er blickte die hoch vor ihm Stehende mit voller Liebe an, ein düsterer Triumph flog über seine Züge, dann stürzte er schwer zusammen.

Als Lukretia ihrer Sinne wieder mächtig wurde, kniete sie nieder. Das Haupt des Erschlagenen lag in ihrem Schoße. Das Gemach war leer. Um die über ihr schwebende Gestalt der Justitia waren die Lichter heruntergebrannt, und das Wachs fiel ihr in glühenden Tropfen auf Hals und Stirn.«

Ich selbst habe, geneigter Leser, die Reise durch Graubünden auf den Spuren des Jürg Jenatsch unternommen. Es war ein wunderschöner Sommertag gewesen, und ich war an einem Stück von Hamburg zum Oberrhein gefahren. Als es dämmrig wurde, fand ich vor

Chur im Dunkeln ein einfaches Gasthaus. Nachdem ich etwas Rösti und Servela zu mir genommen hatte, blickte ich mich in der hölzernen Gaststube, die der alten Wirtin wohl zwischenherein als Wohnzimmer dienen mochte, nach einer Zeitung um, mit der ich mir die Zeit bis zum Schlafengehen vertreiben wollte. Da fiel mein Blick auf ein in Packpapier eingeschlagenes Buch. Ich schlug es auf und las den Titel : ›Jürg Jenatsch. Eine Bündnergeschichte‹ von C. F. Meyer. Ich hatte mehr als die Hälfte gelesen, als ich endlich zu Bett ging. Während der ganzen Zeit hatte die alte Wirtin in einem Winkel gesessen und gestrickt. Hin und wieder hatte sie über ihre Brille hinweg einen Blick auf mich geworfen und leise genickt, so als ob sie wisse, wo ich in der Geschichte gerade angelangt war. Es war ihr wohl recht, daß ihr Gast sich in der Geschichte ihres Landes und in der Tiefe der Zeiten verlor, aus der sie selbst kam.

Am nächsten Morgen wurde mir auf der Terrasse des Hauses in strahlendem Sonnenschein der beste Käse und die gesündeste Milch kredenzt, die ich je genossen hatte. Und während ich mein Mödeli Anke attackierte und sie auf das frische Weißbrot strich, um sie dann mit Konfitüre zu bedecken, las ich den Rest der Geschichte zu Ende. Als ich das Buch zuklappte, sagte die Wirtin zu mir: »Nehmen Sie's mit, es hat das Buch schon lange niemand so interessiert gelesen wie Sie. Sie können es als Reiseführer benutzen.« Nach vielen Protesten und dem Versprechen, es auf der Rückfahrt wieder vorbeizubringen, nahm ich es mit. Die Alte hatte mich auf eine Idee gebracht. Ich fuhr nach Chur, besichtigte ein wenig die wehrhafte Altstadt und kehrte zu einem Schoppen in

eines der Gasthäuser am Plessur-Fluß ein, die man sich gut als Schauplatz einer Sauferei von Jenatschens Kampfgefährten vorstellen kann. Die Gestalten, die man darin trinken und radomontieren hört, werden sich seitdem kaum verändert haben. Dann folgte ich dem Rhein bis nach Bonaduz, wo ich in das Domleschg abbog. Bei Rothenbrunnen verließ ich die Hauptstraße und fuhr in die Berge in Richtung Paspels und Rodels. Es war inzwischen Mittag geworden. Die Sonne brannte aus einem hohen Himmel voll weißen Lichts herab. Auf den Berghängen bewegten sich kleine Gestalten, die das Heu zusammenrechten. Oben, in der Unendlichkeit des Himmels, kreisten Raubvögel. Mein Wagen und ich stiegen unaufhörlich. Links und rechts sah man immer wieder Ruinen, schließlich ein Schild: Riedberg. Ich bog in die Seitenstraße ab. Das da, ein graues Gemäuer hinter einem hohen Tor, mußte es sein. Ich parkte auf einem Grasstreifen, stieg aus und näherte mich dem Tor. Hinter ihm erhob sich ein bewohntes Haus mit einem großen, runden Turm. Das Tor stand weit offen, und an einem Pfeiler lehnte, in der Sonne dösend, ein alter Mann.

»Grüß ech, isch daas do Riedberg?«

»Ja.«

»Chan i einisch da inneluege?«

»Ja, ja, die Tür isch uff. Gange Si numme inne.«

Ich betrat den großen Turm. Der Boden war so sauber, wie es nur ein Tennenboden ist, in dem vorher Getreide gelagert hat. Und da, gegenüber, da war er, der Kamin, riesengroß. Ich bückte mich und schaute in die dunkle Höhlung. Da hörte ich von der Tür die Stimme des alten Mannes. Er sprach jetzt Hochdeutsch.

»Ja, ja, da hat er sich versteckt, der Pompeius Planta. Aber der Jenatsch Jürg hat ihn verwitscht. Hier«, und er zeigte auf eine Stelle auf dem steinernen Fußboden, »hat er ihn erschlagen mit der Axt. Ja, ja.«

Der Alte hatte sicher noch nie von C. F. Meyer und seiner Geschichte gehört. Statt dessen sprach er von Jenatsch und Planta, als wenn sie die Zeitgenossen seines Großvaters gewesen wären. Wie selbstverständlich gehörten sie zu diesem Haus und zu seiner Welt.

»Ja, ja«, sagte er, »hier hat er ihn erschlagen. Wissen Sie, warum? Ein Hündlein hat ihn verraten. Und das war blind. Da habe ich oft darüber nachdenken müssen. Ein blindes Hündlein! Hätte er es doch vorher ersäuft, bevor es blind wurde!«

Der Alte folgte mir zurück in das gleißende Sonnenlicht auf dem Hof. Gegenüber auf den Matten hatten sich die Heuernntenden zum Mittagsbrot hingesetzt. Hoch über ihnen kreisten Raubvögel.

»Wissen Sie, was den Aufstand der Bündner gegen die Spanier ausgelöst hat?« fuhr der Alte fort, so als ob wir über moderne Politik redeten. »Beim Gottesdienst hat sich ein Lamm in die Kirche verlaufen und ist neben dem Altar aufgetaucht.«

An diesem Tag fuhr ich durch die Schin-Schlucht, die die Albula sich gegraben hat, über Savognin, Tinizong, Rona, hinauf zum Julier-Pass, an dem Meyer seine Geschichte beginnen läßt. Dahin, wo Waser zum ersten Mal Pompeius Planta trifft und von wo er danach zu seinem Jugendfreund Jenatsch ins Tal nach Chiavenna absteigt. Die Felsen, die Meyer beschreibt, liegen noch an derselben Stelle. Ich habe sie selbst gesehen.

Hermias Bericht über den »Schweizer« in Rex

Rex der Intellektuelle

Es wird Zeit, daß ich unterbreche. Wie sagt Mephisto im ›Faust‹? »Ich bin des trocknen Tons nun satt.« Aber so sind sie, die Männer. Sie lieben die langweiligen Ausführungen über Sachthemen. Dahinter steht nur ihr Wunsch, uns zu belehren. Sie führen keine Gespräche, sie halten Vorträge. So habe ich ihn auch kennengelernt. Es war während meines Studiums in Freiburg im Breisgau. Ich war neu in der Stadt und mußte mich erst orientieren. Dabei war ich am Schwarzen Brett auf den Anschlag der Studiobühne gestoßen: »Schauspieler für unsere nächste Inszenierung gesucht«, stand da. Schauspielerei, das hatte mich schon immer interessiert. Einem Germanistik-Studium konnte das nur guttun. Und der Anschluß an eine Gruppe von Ortskundigen würde mir das Einleben erleichtern. Also ging ich zum ersten Treffen. Es war im Audimax, eine Vorsprechprobe. Man hatte sich den ›Sommernachtstraum‹ vorgenommen. Die Mitglieder der Gruppe und die sonstigen Interessierten hatten sich in kleinen Pulks in den Bänken verteilt. Und mitten in der Arena des Audimax stand er und tat das, was er am liebsten tat: Vorträge halten.

Er sah gut aus. Das muß ich sagen. So gut, daß es mir einen leichten Schlag in die Magengegend versetzte. Nicht hübsch, sondern auf geradezu gutaussehende Wei-

32

se intelligent: ein schmales Gesicht, welliges, volles brünettes Haar, eine schmale, gerade Nase, ein geschwungener, recht breiter Mund, wobei Mundwinkel und Nasenflügel von zwei scharfgeschnittenen Linien eingefaßt wurden, die sich bei seinen unaufhörlichen Reden leise bewegten. Dazu dunkle braune Augen. Aber das, was einen an diesem Gesicht sofort faszinierte, war ein merkwürdiger Widerspruch: der Widerspruch zwischen dem dunkel-durchbohrenden Blick aus seinen braunen Augen und dem ironischen Lächeln, das ständig seine Lippen umspielte. Es verlieh ihm einen ungemein arroganten Ausdruck. Der Zug attraktiven Hochmuts war so überwältigend, daß er in mir sofort das Bedürfnis weckte, diesen Saukerl zu demütigen, ihm zu zeigen, daß es Dinge gab, die stärker waren als er, daß eine Frau magnetische Kräfte hatte, gegen die er hilflos war. Es war unheimlich: Kaum hatte ich dieses arrogante Gesicht gesehen, da verspürte ich schon den Wunsch, dieser Hochnäsigkeit eine Geste der Unterwerfung und des Flehens abzutrotzen.

Ich ließ mich am Rande einer Bank nieder und beobachtete ihn. Er sprach über den ›Sommernachtstraum‹, über die Theorie des Festes, über Ginzburgs Buch über den Hexensabbat, über die ästhetische Entgiftung gefährlicher Vorgänge. Er sprach über Jan Kotts Shakespeare-Buch und darüber, daß heutige Berichte über die Entführung durch Aliens mit den mittelalterlichen Berichten über Hexensabbate übereinstimmten. Er sprach gut und unangestrengt. Man hörte ihm gerne zu. Es war alles rasend intelligent. Und es dauerte. Mich drängte es immer heftiger, ihm zu zeigen, wie dieses

Gefasel vor der Wirkung meines Spiels alle Bedeutung verlieren würde.

Ich hatte als Schülerin schon Theater gespielt, oder beinah. Ich sollte die junge Witwe in Christopher Frys ›Ein Phönix zuviel‹ spielen. Aber daraus wurde leider nichts, weil mein männlicher Partner während der Proben krank wurde. Wahrscheinlich hatte er die Intensität meines Spiels nicht ausgehalten. Aber jetzt wollte ich die Feenkönigin Titania spielen. Ich würde sie so spielen, daß ihm Hören und Sehen verging. Wenn er mir Regieanweisungen gab, würde ich immer das Gegenteil tun und ihm beweisen, daß das noch besser war. Ich würde ihn fertigmachen.

Doch es kam anders. Dieser Mistkerl ließ mich die Titania gar nicht vorsprechen. Dafür hatte er schon eine von seinen Protegées vorgesehen. Eine viel zu dicke Nudel mit einer Kopfstimme. Ein furchtbares Weib, wie sich herausstellte, die sich mit einer lasziven Selbstgefälligkeit aufführte, als ob sie Mae West wäre. Dafür bekam ich die Hermia. Mae West sagte mir, ich hätte die Rolle eben bekommen, weil ich so klein sei. Das war eine giftige Lüge. Natürlich verlangte das Stück, daß Hermia kleiner war als ihre Rivalin Helena. Aber das Mädchen, das die Helena spielte, war so lang und schlaksig, daß dagegen jemand mit normaler Größe schon klein wirkte. Doch das alles spielte ja keine Rolle. Mir waren diese Weiber sowieso egal.

Was mir Spaß machte, war, die ganze Inszenierung in einen Kampf zwischen Rex und mir zu verwandeln. Man nannte ihn »Rex«, als Kürzel für Regisseur. Ich weiß nicht, ob Sie sich vorstellen können, was das bedeutet,

als Schauspielerin mit einem Regisseur zu arbeiten. Es ist ein Tanz, ein geistiges Körperspiel. Er beschreibt dich, er sucht dich zu erkunden, er beobachtet dich, wie dich noch kein Mann vorher beobachtet hat. Er formt und modelliert dich, er lobt dich, tadelt dich, preist dich, ist verzweifelt und entzückt. Und du selbst, du zeigst dich, bietest ihm etwas an, reagierst auf ihn, o ja, du beobachtest ihn auch, sein Gesicht, du forschst in seiner Miene nach Zustimmung, nach jenem untrüglichen Zeichen, das jede Frau im Gesicht eines Mannes wiedererkennt, jene Wirkung, deren Spur er nicht verstecken kann. Und ich wollte sie sehen, diese Veränderung. Ich wollte sehen, wie dieser Ausdruck von ironischer Distanz verschwand und dahinter sein weiches Gesicht zum Vorschein kam. Ich wollte es beobachten, wie die arrogante Maske schmolz und sein eigentliches Gesicht freigab, das nur ich dort vermutete. Ja, heute kann ich es wohl sagen, das Gesicht, das mich selbst zum Schmelzen bringen würde.

Aber was hat das alles mit der Schweiz zu tun? Nun, ich tue es nicht gern, aber ich muß eine Niederlage eingestehen. Ich brachte seine Arroganz nicht zum Schmelzen. Statt dessen passierte folgendes: Ich erzähle es mit Scham. Rex hatte eine Regieassistentin, Nina. Sie war ein trockenes, sachliches Mädchen, die sich gut in der dramatischen Literatur auskannte, und ich mochte sie auf eine neutrale Art. Also, Nina nahm mich eines Tages nach einer besonders heftigen Probe beiseite und schleppte mich in die Garderobe. In trocknem Ton eröffnete sie mir, daß ich ihr und Rex und dem ganzen Team Sorgen mache. Daß ich mich aufführe wie eine Verrückte

und daß sie an Rex die untrüglichen Vorzeichen dafür entdecke, daß er jemanden hinauszuschmeißen gedenke. Ob ich nicht mal in mich gehen und nach den Ursachen meiner Hysterie forschen könnte. Sicher, ein Schauspieler braucht eine gute Portion Hysterie für sein Spiel, aber er müsse sie auch beherrschen und sich nicht von ihr beherrschen lassen. Das unterscheide den Schauspieler vom richtigen Hysteriker. Bei mir aber sei die Hysterie aus dem Ruder gelaufen. Nun habe sie immer beobachtet, daß der Regisseur eins nicht beobachten könne: seine eigene Wirkung. Zumal auf Schauspielerinnen. Deshalb habe sie, Nina, eingegriffen, denn sie wolle nicht, daß ich rausgeschmissen würde. An sich hätte ich das Potential zu einer guten Schauspielerin. Und sie könne mich gut leiden. Ich solle mal darüber nachdenken. Damit ließ sie mich allein.

… Als ich wie benommen zur Probe zurückschlich, war ich ein anderer Mensch. Es war, als ob jemand die Luft aus mir herausgelassen hätte. Der Innendruck meines Daseins hatte sich verändert. Ich sah mich plötzlich von außen. Und ich sah mich mit den spöttischen Augen der Arroganz an: ein hysterisches Mädchen, das seine eigenen Hitzewallungen für den Schmelzofen der Welt gehalten hatte. Es war ein außerordentlich ernüchterndes Erlebnis. Ein Schock, verursacht von einem unerwartet kalten Duschestrahl, den man aus Versehen an Stelle des warmen angestellt hatte.

Der Basler Morgestraich
Und dann kam der zweite Akt eines Doppelschlags. Nach dieser Ernüchterung erlebte ich es doch noch,

wonach ich mich so gesehnt hatte. Aber nicht ich war es, die ihn auslöste. Es klingt albern, aber es war die Schweiz. Wie das zu verstehen ist? Wie ich sage: nicht ein Mensch, nicht eine Frau brachte das zuwege, woran ich die ganze Zeit gearbeitet hatte, sondern ein ganzes Land. Aber ich bin nicht eifersüchtig auf die Schweiz, im Gegenteil, wir sind, wie soll ich sagen, wie Freundinnen, nein, besser, wie Mutter und Schwiegertochter geworden, aber wie solche, die sich gut verstehen. Es ist ein Verhältnis, bei dem die Mutter der Schwiegertochter die kleinen Psychotricks verrät, mit denen der Sohn, beziehungsweise Mann, zu steuern ist.

Es war kurz vor der Aufführung. Rex war inzwischen sehr zufrieden mit meinem Spiel. Da lud er ein paar von uns ein, mit ihm zum Basler Karneval zu fahren. Er war ein großer Anhänger von Bachtin und Cornfold und C. L. Barber und ihrer Theorie von der karnevalistischen Struktur der Komödie. Und er meinte, um den ›Sommernachtstraum‹ zu verstehen, müßten wir uns die verkehrte Welt des Karnevals anschauen. Er packte Helena, Mae West und mich ins Auto, und während der ganzen Fahrt auf der Autobahn nach Basel hielt er uns einen Vortrag über den Karneval. Sein Prinzip sei die Verkehrung der moralischen und hierarchischen Ordnung. Für eine kurze Zeit werde die Vernunft entthront und der Narr als König eingesetzt. Dann beginne die Herrschaft des Fleisches, das Regiment der Sinnenlust und der Obszönität. Alles werde verdreht: Der Teufel werde zum Gott und die Nacht zum Tag. So dröhnte Rex beim gleichmäßigen Brummen des Automotors – er fuhr einen VW-Passat – und ich amüsierte mich innerlich darüber, daß er so

beherrscht und rational über die Herrschaft der Unvernunft redete. Schließlich, an der Schweizer Grenze, wurden wir angehalten, um unsere Ausweise zu zeigen. Da bemerkte ich zu meinem Schrecken, daß ich meinen vergessen hatte. Ich hatte einfach nicht daran gedacht, ihn einzustecken. Ich wühlte und wühlte in meiner Handtasche, aber mein Ausweis war nicht zu finden. Das tat ich natürlich nur, um meinen guten Willen zu demonstrieren. Ich erinnerte mich nämlich genau daran, daß ich ihn zu Hause auf meinem Schreibtisch hatte liegen lassen. Ich hatte ihn beim Suchen nach meiner Scheckkarte dort abgelegt. Doch der Schweizer Zöllner in seiner grauen Uniform hielt seinen Kopf mit seinem grauen Käppi gesenkt und starrte weiter zum Autofenster hinein. Schließlich sagte er mit schwerem Schweizer Akzent: »Ja was, das hat jetzt kcheinen Wert mehr.« Da geschah es. Ich dachte erst, es sei noch jemand im Wagen. Denn eine mir unbekannte Stimme sagte: »Sie hätt widdr dr Uswiis vergässe. Das macht sie gäng. Abr sie isch mi Schwöschtere und hätt so gärn de Morgestraich gseh. Sie hat ne no nie gseh, und si cha ja nit widr use, Sie mache ja dr Brückche zue. Also kchönne Sie sie doch inne la.« Ich war wie vom Donner gerührt. Es war Rex, der gesprochen hatte. Es war, als ob er sich in einen Bauchredner verwandelt hätte. Eine andere Person sprach aus ihm. Seine Stimme hatte eine ganz andere Tonlage, nichts mehr von diesem schneidenden und scharfen Ton mit dem Rattereffekt. Statt dessen ein weicher, samtiger Singsang wie ein mittelhochdeutsches Minnelied. »Unter der linden, an der heide, da unser zweier bette was«, und sein Gesicht genau so, wie ich es mir vorgestellt hatte.

Die scharfen Linien an Nasenflügel und Mundwinkeln –
sie waren weg. Ein mildes Antlitz, weich und liebevoll,
die Augen zwei dunkle, samtige Brunnen, wie geschaffen
zum Sich-Hinein-Stürzen, die Lippen nicht mehr straff
und gespannt, sondern voll und weich, wie Kirschen auf
einem Stilleben, direkt zum Hineinbeißen. Und auf dem
ganzen Antlitz lag ein sanftes Leuchten, ein milder Glanz,
der von innen kam, wo der eingeschachtelte Schweizer
wohnte und jetzt aus ihm sprach. Wir waren im Karneval
angekommen.

Der Zöllner brach in ein breites Grinsen aus und wink-
te uns durch. »Also, allez hopp! Fahre Sie ab, abr fahre
Sie numme langsam.« Und Rex gab Gas. Wir fühlten uns
mit dem verwandelten Rex in eine andere Welt versetzt.
Wir flehten ihn an, für diese eine Nacht weiterhin für uns
Schwyzerdütsch zu sprechen. Ein kleiner Karneval der
deutschen Sprache: »Verloren isch ds Schlüsseli, du
muosch imme drinne si.« Ich war wie verzückt. Dabei
lernte ich einen anderen Menschen kennen. Keine Vorträge mehr, keine Erklärungen, nur noch kindliches
Vergnügen. Wir stürzten uns in die Nacht.

Haben Sie schon mal den Basler Morgestraich erlebt? In
der ganzen Stadt wird das elektrische Licht abgeschaltet.
Eine moderne Großstadt ist in mittelalterliches Dunkel
getaucht. Dann herrschen die Kerzen der Karnevalsvereine, die ihre eigenartigen Transparente beleuchten wie
Riesenlaternen, und die taumelnden Schatten. Und es
dominieren die Geräusche. Die Karnevalisten marschie-
ren durch die dunklen Gassen mit Trommeln und Pfeifen. Überall hört man sie: Trommeln und Pfeifen. Es ist,

als ob man in eine mittelalterliche Armee geraten wäre: Trommeln und Pfeifen. Nicht nur vergnügt, sondern auch unheimlich, richtig gespenstisch, die Laute allgegenwärtig in einer Nacht aus Laternen und Schatten. Man verliert sich leicht in der Menge. Und so faßte mich Rex bei der Hand: »Komm, Schwöschtere, dass i di nit verlier. Das wär doch zu schad, won i di grad gfunden ha.« Ich kann jeder Frau nur raten, sich so einen Satz mal auf schwyzerdeutsch sagen zu lassen, von einem Mann, den man nicht uninteressant findet. »Dass i di nit verlier. Das wär doch zu schad, won i di grad gfunden ha.« So ein Satz geht einem durch Mark und Pfennig.

Wir verloren dann irgendwann die anderen zwei, mich aber hielt er an der Hand fest und zog mich durch die Menge. Wir versuchten immer wieder, die schweizerdeutschen Epen zu lesen, die die Karnevalsvereine über die Stadtpolitik in kleiner Schrift auf ihre Riesenpapierlaternen geschrieben hatten. Er konnte das alles verstehen. Ich dagegen versank in einem Meer von weichen, welligen Wohllauten. Ich ließ mich tragen von dieser Sprache. Für mich war es die Sprache, in der sich meine Ahnungen erfüllt hatten, die Ahnungen über den Mann, der in ihm eingeschachtelt war.

Wiederbegegnung mit Rex

Das war vor vielen Jahren gewesen. Nach dieser Nacht verwandelte er sich wieder in den arroganten Rex. Ich machte Examen und fing bei der ›Badischen Zeitung‹ im Lokalteil an. Rex aber übernahm eine Gastprofessur in Tulane in Amerika. Ich heiratete einen Architekten, dessen Innenleben aus Sachzwängen bestand, einen vollent-

wickelten Zwangsneurotiker, der die Schlauheit besessen hatte, mich ein Jahr lang über sein wahres Wesen hinwegzutäuschen. Aber nach der Heirat ließ er seine Maske fallen: Er war zwanghaft geizig, schrak bei jedem Geräusch zusammen und versuchte mich völlig zu versklaven. Beinah wäre es ihm auch gelungen. Wie alle Frauen suchte ich zuerst die Schuld an meinem Elend bei mir selbst. Dann machte ich eine Recherche für eine Serie über Zweitehen, und da fand ich all die Frauen, denen es wie mir erging, und ließ mich scheiden. Dann nahm ich einen Job als Redakteurin bei einer evangelischen Wochenzeitschrift an und zog nach Hamburg. Ich hatte gerade mit dem Chefredakteur den Plan ausgetüftelt, eine Serie über Freie Kirchen und christliche Sekten zu schreiben – wir wollten angesichts des islamischen Fundamentalismus mal den christlichen zeigen –, da traf ich ihn wieder. Er hatte einen Korb am Arm und wandelte durch die Gemüsestände am Isemarkt. Ich sah ihn eher als er mich.

»Hallo, Rex!« Er drehte sich um: »Hallo? – Hermia!« Sein Gesicht strahlte. Wir hatten uns damals mit den Rollennamen aus dem ›Sommernachtstraum‹ angeredet und diese Gewohnheit beibehalten. Sein Haar war etwas angegraumelt in den Jahren, sonst aber war er unverändert. Wir zogen wie auf Verabredung in ein Café am Eppendorfer Baum und erzählten. Er hatte drüben in dem wunderbaren Drama Department in Tulane an der University of Louisiana unterrichtet und dabei nebenbei ein European Studies Program aufgezogen. Das hatte ihm einen Auftrag einer privaten Gruppe von Sponsoren eingebracht, die ein European College of Liberal Arts in

41

Deutschland gründen wollten. Nein, verheiratet sei er nicht, er habe dazu einfach keine Zeit gefunden. Zum ersten Mal seit sechs Jahren mache er überhaupt Ferien.

Und als ich ihm von meiner Serie über die christlichen Fundamentalisten erzählte, machte er mir den Vorschlag, der zu unserem großen Experiment führen sollte. »Christliche Fundamentalisten?« fragte er, »na, damit kann ich dienen. Ich bin bei christlichen Fundamentalisten aufgewachsen. Oben in den Bergen des Schweizer Jura. Daher kann ich mein Schwyzerdütsch, das dir damals so viel Spaß gemacht hat.«

Natürlich hatte ich ihm nicht gesagt, wie sehr mich das damals bewegt hatte. Wie auch hätte man das in vernünftigen Worten erklären können?

»Wie wäre es, wenn wir da zusammen hinführen?« schlug er plötzlich vor. »Ich wollte sowieso mal da wieder hin, und nichts ist besser zum Ausspannen als ein paar Tage bei den Täufern im Jura. Weißt du, das sind im Grunde Wiedertäufer oder Mennoniten. Sie praktizieren die Erwachsenentaufe. Sie sind so ähnlich wie die Amish in Amerika. Wenn du von denen gehört hast.«

»Sind das die mit den alten Trachten und den Kutschen, weil sie die Technik ablehnen? Ich habe einen Film über sie gesehen.«

»Einen Film über die Amish?« wunderte er sich.

»Ja, er heißt ›Der einzige Zeuge‹ und handelt von einem Amish-Jungen, der auf einer Reise Zeuge eines Verbrechens wird. Die Gangster versuchen ihn deshalb zu finden und zu killen, und im Wettlauf mit ihnen gerät der Kommissar in das Milieu der Amish. Und was geschieht dann, du Theaterfreak? Wie müßte es jetzt weitergehen?«

42

Rex grinste sein arrogantes Grinsen: »Na, der Kommissar verliebt sich in eine Amish-Frau und beginnt ein sündiges Verhältnis. Aber das bringt die Patriarchen in Rage. Dann rettet der Kommissar das Kind vor den Bösen. Jetzt gibt es zwei Möglichkeiten: wegen der Kindesrettung werden die Patriarchen weich und gestatten die Liebe zwischen Kommissar und Amish-Frau. Das ist die Hollywood-Version. Die andere folgt der Wirklichkeit. Da hätten die Patriarchen den Kommissar rausgeschmissen und die Amish-Frau fertiggemacht.«

Wir mußten beide lachen.

»Komm mit, ich zeig' dir die Patriarchen.«

Ich überlegte. Dann kam mir die Idee: »Unter einer Bedingung«, sagte ich, »daß du ab der Grenze nur noch Schriftdeutsch mit Schweizer Akzent mit mir sprichst.«

»Einverstanden«, sagte er im Schweizer Sing-Sang, und mir fuhr es wohlig durch die Glieder.

Auf der Fahrt in den Jura

Wir waren mit dem Auto über Delémont gefahren und bogen jetzt nach Undervelier in die Berge ab. Es war ein schöner Spätsommertag, und die Matten glänzten im tauigen Grün des Grases, das nach der Heuernte wieder gewachsen war. Das erläuterte mir Rex in schaukelndem Schriftdeutsch. Er war wieder dieser milde, sanfte Mann, den ich in jener Basler Nacht so geliebt hatte. Kurz nach der Schweizer Grenze hatte dieses Gefühl wieder eingesetzt. Wenn ich ihn mir so erhalten könnte! Ich schaute ihn von der Seite an. Über seinem Gesicht lag wieder dieser samtige Schein. Ich hätte ihn abknutschen können! Vielleicht könnte ich später, wenn wir bei seinen

Bauern eingekehrt waren und nach dem Nachtmahl zu Bett gingen – vielleicht könnte ich ihn dann verführen. Ich hatte sowieso schon zu lange asketisch gelebt, und in dieser frommen Atmosphäre hatte so ein Gedanke seinen besonderen Reiz.

»Wo werden wir wohnen?« fragte ich.

»Ich weiß nicht. Entweder beim Isaak selbst oder im Hotel nebenan.«

»Was? Die haben ein Hotel? In einem Dorf von nur fünf Häusern?«

»Ja, das Hôtel du Cheval Blanc. Aber es ist eigentlich nur ein Bauernhof mit Saisonbetrieb für Gäste. Außerdem ist der alte Gerber kein Mennonit.«

Und während wir langsam in die Berge stiegen, und die Abhänge immer enger an die Straße rückten, erzählte mir Rex die Geschichte der Täufer.

»Im späten 17. Jahrhundert hatte der Rat von Bern die Täufer aus der Stadt und dem Bernbiet vertrieben. Einige wanderten ins Elsaß und in die Pfalz weiter, vereinigten sich mit anderen Gruppen und emigrierten schließlich nach Pennsylvania, wo William Penn Quaker, Herrnhuter und Täufer angesiedelt hatte. Nach ihrem Anführer Ammann nannte man sie die Amish. Sie sprechen bis heute einen deutschen Dialekt. Die anderen, die im Land blieben, wurden von den Bernern gezwungen, oberhalb 1000 Meter im Jura zu siedeln, um die unwirtliche Hochebene urbar zu machen. So zerstreuten sie sich in dem Gebiet, das man Freibergen oder Franches Montagnes nennt. Dort siedelten sie zwischen französisch-sprachigen Katholiken und bildeten täuferisch-deutsche Sprachinseln. Wegen ihres Bekenntnisses ver-

mischten sie sich nicht, sondern betrieben konsequente Endogamie mit anderen Täufern. Die Täufer waren technikfeindlich. Das betraf zwar nicht einfache Maschinen wie Bindemäher oder Sämaschinen, die mechanisch mit Pferdekraft betrieben werden konnten, aber Benzinmotoren und alle Industrietechnologie waren satanisch. So trieben sie rein biologischen Anbau: kein Kunstdünger, keine Chemie, keine Benzinmotoren. Im 20. Jahrhundert mit der Biowelle wurde ihnen das zum Segen. Sie wurden bevorzugte Lieferanten der Bircher-Müesli- und Migros-Konzerne. Da sie im Zeitalter des Arbeitskräftemangels auf ihre zahlreichen Kinder zurückgreifen konnten, die sie im Namen des Herrn zeugten, waren sie gegenüber den anderen im Vorteil. Und da der Herr den Müßiggang mißbilligte und vor allem die Verschwendung der Zeit mit Unwillen sah, wurden die Täufer wohlhabend. Und da wiederum die vielen Kinder mit Höfen ausgestattet werden mußten, kauften die Täufer um sich herum das Land auf und setzten die Welschen unter Druck. Schließlich entstand aus diesem Druck eine separatistische Gegenbewegung der Welschen, die einen eigenen Kanton wollten. Sie gründeten eine eigene Terroristentruppe, die Béliers, die Widder, die Anschläge verübten und nachts überall »Jura libre« auf die Scheunentüren pinselten. Das rief natürlich die Gegentruppe der Deutschen hervor, die Sangliers, die Wildschweine, die sich trotz ihres Pazifismus mit den Béliers prügelten. Der Streit ging schließlich darum, ob man jeweils in den fünf Bezirken des Jura getrennt über die Unabhängigkeit abstimmen sollte, oder ob die Mehrheit des ganzen Gebietes entscheiden sollte. Schließlich entschied man

sich für die Abstimmung in jedem einzelnen Bezirk. So wurden drei von ihnen unabhängig und bildeten den jüngsten Kanton der Schweiz, den Kanton Jura. Die restlichen zwei waren schon von den Täufern majorisiert und blieben bei Bern. Die Grenze verläuft direkt hinter den Feldern von Isaak.«

Mittlerweile hatten wir Undervelier passiert. Die Berghänge waren zu Felswänden geworden, die steil und naß zu beiden Seiten der Straße aufstiegen. Das Motorengeräusch hallte von ihnen als mitlaufendes Echo zurück. Die Wände warfen so tiefe Schatten, daß es fast dunkel wurde. Neben der Straße rauschte uns ein ziemlich lebhafter Bach entgegen. Wir stiegen unaufhörlich, und Windung um Windung quälte sich das Auto zwischen den Felswänden empor. Es waren die Gorges du Pichoux, wie ich erfuhr. Hier hatte Rex schon als Hütebub oben auf den Felsplateaus die verlaufenen Rinder von den Steilwänden weggetrieben. Immer wieder fuhren wir durch kurze Tunnel und Galerien. Nach einer kleinen Ewigkeit des Kletterns und Kurvens weitete sich plötzlich die Landschaft, und wir hatten die Hochebene der Franches Montagnes erreicht. Die Luft war frisch. Auf welligen Weiden wuchsen einzelnstehende Riesentannen, und zwischen ihnen grasten blonde Kühe und Gruppen brauner Pferde. Die Luft war erfüllt vom konstanten Klingeln einer Vielzahl von Glocken. Klar und schmetternd die großen Glocken der Kühe, blechern die becherartigen Glocken der Jungrinder, die Weihnachtsglocken der Kälber und, von allen unterschieden, mit ihrem dekadenten Tempelklang, die länglichen Miniglocken der Pferde. Es war ein tausendfaches Geläute,

als ob ein ewiger Sonntag wäre. Überall klang es, man konnte den Raum hören. So wie die Welt von überall her sichtbar ist, wurde sie nun von überall her hörbar. Man hörte Nähe und Ferne zugleich. Von weit her erklang zirpend das Läuten entfernter Herden.

»Ja«, sagte Rex, »die Täufer leben biblisch. Es gibt nichts als ihre Herden und ihren Gott im gestirnten Himmel über ihnen. Es ist wie zu Abrahams und Jakobs Zeiten. Was ist heute für ein Tag?«

»Samstag.«

»Gut, dann können wir morgen mit in den Gottesdienst.«

Aus den Tannen tauchten die Mauern eines großen Gehöfts mit einer riesigen Front auf. Ich hatte schon bemerkt: die Jurahöfe versammeln wie die Schwarzwaldhäuser Wohnhaus, Ställe und Heuboden unter einem großen Dach. Nur der Heuboden über den Ställen hatte hölzerne Außenwände. Hinter dem Haus vor uns führte eine breite Rampe in den zweiten Stock. Auf einer Wiese vor dem Haus war eine Gruppe Bauern um zwei Pferde versammelt. Die Pferde standen hintereinander und waren durch eine hohe Bretterwand getrennt. Über die Bretterwand sah man einen dunklen Pferdekopf ragen. Plötzlich gab es ein lautes Knallen, und der Pferdekopf zuckte nach oben. Rex trat auf die Bremse.

»Komm, das müssen wir uns ansehen«, sagte er und stieg aus. »Hast du schon mal gesehen, wie Stuten getestet werden, ob sie rössig sind?«

Mir wurde unbehaglich zumute. Nein, das hatte ich noch nie gesehen. Zögernd folgte ich Rex zu der Gruppe. Ich sah überhaupt keine Frauen. Ob die Mennoniten

47

eine Frau bei diesem Schauspiel dulden würden? Aber niemand achtete auf uns.

Vor der Bretterwand hielt ein junger Mann eine Stute an einem Halfter. Sie war offensichtlich äußerst erregt. Sie hatte die Ohren zurückgelegt, riß den Kopf nach oben, dann senkte sie ihn ebenso plötzlich und schlug mit beiden Hinterhufen mit voller Wucht gegen die Bretter. Der Knall war ohrenbetäubend. Der Hengst riß den Kopf empor, so daß dem Stallburschen, der ihn am Halfter hielt, der Arm in die Höhe gezerrt wurde. Erst jetzt sah ich mit einem Schock, daß der Hengst seinen Penis ausgefahren hatte. Es war eine schwarze Stange von geradezu monströser Länge, fast einen Meter lang. Er zuckte und schnellte immer wieder gegen den Bauch des Hengstes. Dieser bearbeitete die Erde mit seinen Hufen und machte Anstalten, über die Bretterwand zu steigen. Daraufhin suchte die Stute seitlich auszubrechen.

»Ja, die isch nit rössig«, sagte ein Bauer, der gemütlich an seinem erkalteten Stumpen kaute. »Die chasch widr inne tue.« Damit wurde die Stute weggeführt, während der Hengst den Kopf schüttelte und dann mit geblähten Nüstern ein hysterisches Wiehern ausstieß. Und schon kam vom Haus, aus dem Stall, ein weiterer Bauer, der eine braune Stute am Halfter führte. Er manövrierte sie so wie die vorige vor die Bretterwand. Der Hengst senkte vorsichtig seinen Kopf auf ihr Hinterteil, und ich erwartete jede Sekunde, daß sie auskeilte. Statt dessen hob sie langsam den Schwanz und legte ihre schwarze Vulva frei. Sofort schob der Hengst seine Schnauze hinein und begann zu wühlen. Plötzlich spreizte sie die Hinterbeine, und ihre Vulva begann sich zu öffnen und wieder zu

schließen, zu öffnen und zu schließen, so regelmäßig wie ein Uhrwerk. Dann ging sie in die Knie, wenn man das bei den Hinterbeinen eines Pferdes sagen kann, und schied einen Strahl lebertranartiger Flüssigkeit aus.

»Die ist rössig«, flüsterte Rex, und ich konnte nur seinen Arm drücken.

Der Hengst hielt seine Schnauze in den Strahl, hob dann den Kopf fast waagerecht, kippte die Oberlippe senkrecht nach oben und gönnte uns den Anblick seiner großen Zähne.

»Jetzt flemt er«, sagte Rex.

»Er weint?« fragte ich erstaunt.

Ich spürte wieder, wie Rex leise lachte.

»Er flennt nicht, er flemt. So nennt man verschärftes Schnüffeln vor dem Geschlechtsakt.«

Schließlich senkte der Hengst seine Schnauze wieder auf die zuckende Vulva und versuchte vorn über die Wand zu steigen. Sein Penis war jetzt noch länger geworden und schlug gegen den Unterbauch. Der Bursche konnte ihn kaum noch halten. Ein zweiter sprang hinzu und hielt das Halfter von der anderen Seite. Der Kopf des Hengstes zerrte beide Männer beinah in die Höhe, und seine Augen schienen aus den Höhlen zu treten. Da führte der junge Bursche die Stute wieder weg.

Ich war verblüfft: «Ja, dürfen sie denn nicht?«

»Sie schon, aber er nicht. Er ist nur der Tester.« Ich verstand nicht. »Der Tester?«

»Ja, er darf nur prüfen. Er ist das Meßinstrument für Rössigkeit und muß die Ablehnungen kassieren. Gedeckt wird sie von einem Rassehengst, der wartet schon im Stall.«

Rex zeigte auf das große Bauernhaus.

»Können wir uns das ansehen?«

Wieder lachte Rex. »Besser nicht. Ich kenne die Besitzer, und wenn ich da jetzt hineingehe, gibt es eine lange Begrüßung, und wir kommen vor dem Abend nicht wieder heraus.«

»Aber ich habe so etwas noch nie gesehen«, bettelte ich. Doch er blieb eisern. »Vielleicht mußt du ja bei Isaak noch zusehen, wie der Deckstier gefordert wird.«

Wir gingen zu unserm Auto zurück und fuhren weiter.

»Hast du all das als Junge auch schon gesehen, als du hier warst?«

»Das ließ sich wohl nicht vermeiden. Damals mußte ich sogar immer den Stier halten, wenn die anderen Bauern ihre Kühe zum Decken brachten. Isaaks Deckstiere waren die besten der ganzen Gegend.«

Wieder ging es in die Berge, und wir stiegen noch höher, bis sich vor uns erneut eine Hochebene auftat. Auf grünen Weiden lagen jetzt überall große graue Felsblöcke. Wieder umfing uns das allseitige Läuten der Glocken. Links lag ein Hof, rechts ein zweiter. Plötzlich las ich die Aufschrift auf einer weißen Hauswand: Hôtel du Cheval Blanc. Und direkt hinter dem Hotel bog Rex vor einer großen Viehtränke auf den großen Vorplatz eines Hofes ab und hielt an. Vor uns ragte die Front eines Schweizerhauses wie auf einer Postkarte: steinerne weiße Front, hölzerner weitgeschwungener Giebel, darunter ein langer hölzerner Balkon wie eine Galerie, und von den Bänken der unzähligen Fenster quollen Wasserfälle roter Geranien. In der Mitte all dieser Pracht lud ein rundes hölzernes Tor zum Eintreten ein.

Als wir den dunklen Flur des Hauses betraten, umfing uns sofort der betäubende Geruch aus Heu, tausend Gräsern und Kräutern und Vieh.

Zu Gast bei den Mennoniten

Es war ein erstaunliches Erlebnis. Kaum waren wir eingetreten, hatte ich den Eindruck, daß Rex sich noch stärker an die Umgebung anglich. Es war eine rauchige Küche.

An einem eisernen Herd rührte eine Frau von etwa 45 Jahren in verschiedenen großen Töpfen, deren Böden durch runde Löcher in der Herdplatte direkt ins Feuer ragten. In einem rechteckigen Schiff vom selben Kaliber siedete heißes Wasser. Übers Eck rechte mit einer langen Stange eine ältere Frau die Asche aus einem riesigen Ofen, dessen weitaufstehende Eisentüren den Blick in tiefe Schlünde freigaben. Daneben war ein Fenster, an dem man sehen konnte, daß die Mauern ungefähr einen Meter dick waren. Die Fensterbank bildete einen Spülstein, an dem sich ein Mann mittleren Alters Gesicht und Hände in einer Schüssel wusch, wobei er eigenartigerweise den Hut aufbehielt. Mir fiel der Kontrast zwischen der absolut weißen Haut seiner Oberarme und seines aus dem offenstehenden Hemdkragen sichtbaren Halses und dem tiefen Braun seines Gesichts, seiner Unterarme und seiner Hände auf. Am Kopfende des Tisches, auf dem einzigen Stuhl, saß ein alter Mann mit einem Melkerkäppi auf dem Kopf. Er hatte vor sich ein großes Buch aufgeschlagen, das man sofort als Bibel erkannte. Drei Mädchen mit Zöpfen, die sich alle sehr ähnlich sahen, waren damit beschäftigt, den Tisch zu

51

decken. Offenbar stand das Mittagessen unmittelbar bevor.

Als wir eintraten, erstarrte alles in der Bewegung wie bei der Verzauberung des Dornröschenschlosses und starrte uns an. Es war die ältere Frau, die als erste wieder lebendig wurde. Mit einer kräftigen Bewegung riß sie sich ihr Kopftuch herunter, schüttelte ihr Haupt und erlaubte dann einem breiten Lächeln ihr faltiges Gesicht zu überziehen. Darauf sagte sie: »E, e...«

Das belebte den Mann am Spülstein. Triefend hob er sein Gesicht aus der Schüssel, zwinkerte und sagte: »Ja, potztusig!«

Darauf sagte die Frau am Herd zu den drei Mädchen: »Legt no zwei Teller dazue, Meitschi!«

Inzwischen war der alte Mann von seinem Stuhl aufgestanden, hatte die Augen zusammengekniffen, war einen Schritt zurückgetreten, um Rex besser anstarren zu können, und sagte: »Ja, bisch du's, Walti?« Die ungewohnte Anrede mit seinem Vornamen Walter verstärkte den Eindruck des völligen Identitätswechsels bei Rex. Er tauchte in diese Welt ein wie ein Entenküken, das man ins Wasser setzt und das sofort zu schwimmen beginnt. Als die Begrüßungen ausbrachen, füllte sich die Küche mit einem berndeutschen Lautgewirr, dem ich nicht mehr folgen konnte. Ich bekam nur so viel mit, daß das ältere Paar der Altmeister Samuel und seine Frau Dorli waren, die den Hof zur Zeit von Rex' Kindheit regiert hatten. Offenbar hatten sie sich nun aufs Altenteil zurückgezogen. Der jetzige Bauer war der Mann mit dem Hut, Isaak, der zweite Sohn. Und die Hausfrau am Herd war seine Frau Lydia. Die drei Mädchen waren die Töchter Lieseli,

Vreni und Lea. Sie waren auch die einzigen, die mich heimlich beäugten. Erst als die Begrüßungs- und Befragungszeremonie vorüber war, wandte sich der alte Samuel mir zu: »Ja,« sagte er zu Rex, »und das isch also dini Frau.«

»'s war aber ouch Zit«, sagte Isaak mit dem Hut, bevor Rex antworten konnte. Und die Mädchen steckten die Köpfe zusammen und lachten heimlich.

»Sie isch kräftig«, sagte der alte Samuel, ergriff plötzlich meine Hand und prüfte sie. »Aber schaffe tuet sie nit«, stellte er fest.

Langsam wurde mir unbehaglich zumute. Ich wurde ungeniert taxiert wie auf dem Gesindemarkt. Offenbar war ich in dieser Welt nicht viel wert. Man wunderte sich sicher, warum Rex mich geheiratet hatte mit diesen schwielenlosen Händen.

Da sagte Lydia am Herd: »Wahrschins folgt sie guet«, und alle lachten.

»Was hat sie gesagt?« fragte ich Rex.

»Wahrscheinlich gehorchst du gut.« Ich wollte empört antworten: »Sag ihnen...«, begann ich, doch da drückte mich Rex mit einer ehelichen Gebärde an sich, nannte meinen Namen und sagte so etwas wie, daß ich ihn schon lange geplagt hätte, mich an die Stätte seiner Kindheit zu führen und mit den Leuten bekanntzumachen, die ihn damals als Waisenkind aufgenommen hätten.

Offensichtlich gedachte er mich tatsächlich für die Zeit dieses Besuches als Ehefrau zu führen. Ich wußte nicht, ob ich mich über diese Piraterie freuen oder aufregen sollte. Sicher, ich hatte daran gedacht, ihn zu verführen, aber daß er das so ohne weiteres entschied, hätte

mich empören sollen. Aber es gelang mir nicht. Statt dessen war ich über seine liebevolle Ehelichkeit gerührt. In dieser schweizerischen Einkleidung fühlte sich das Verheiratetsein so wohlig an, als schiene einem die Sonne auf den Magen. Auf ganz leichte und schmerzlose Weise hatte ich mit dem Eintritt in diese Welt der Schweizer Täufer auch die Schwelle zur Ehe überschritten. Und da hatte sich alles zum Häuslichen und Heimlichen verändert. Ich spürte, daß ich mich weiblich betätigen sollte, schließlich war der Mittagstisch zu decken. Also band ich mir eine Schürze um und half Lydia und den Mädchen beim Füllen der Schüsseln.

Dann nahm alles auf den Bänken am Tisch Platz, die Frauen auf der einen und die Männer auf der anderen Seite, während der alte Samuel wieder seinen Stuhl am Kopfende einnahm. Und just mit der Sekunde, als wir uns niederließen, kamen vier junge Männer herein, die durch ihre Ähnlichkeit unschwer als die Söhne dieses Hauses zu erkennen waren. Sie wurden uns als Jakob, Daniel, Christian und Res vorgestellt.

Der Tisch war beladen mit dampfender Suppe, Fleisch und Gemüse, zwei angeschnittenen Laibern selbstgebackenen Weißbrots und großen Stücken Käses. Zum Trinken gab es Rotwein. Ich wollte gerade eine heitere Bemerkung zum Lobe dieser Köstlichkeiten machen, da legten die Männer die gefalteten Hände vor die Stirn, und die Frauen schauten in den Schoß, und der alte Samuel sprach ein Gebet: »Komm, Herr Jesus, sei unser Gascht, und segne uns und was du uns bescheret hascht.« Das war wohl das Normalgebet. Dann bat er aber auch um den Segen für Rex, dessen Schritte der

54

Herr nach so langer Zeit wieder zu ihnen gelenkt habe, und für seine junge, schöne Frau. Ja, er sagte »schöne Frau«, die er sich zur Gefährtin genommen habe, auf daß sie ihm folge und anhänge. Mir wurde wieder ganz mulmig zumute, aber nicht vor Empörung, sondern vor Rührung. Es war ein gutes, sattes Gefühl, plötzlich so seinen richtigen Platz zugewiesen zu bekommen. Es war, als ob es mir vom Ursprung der Zeiten an bestimmt schien, nun hier zu sitzen als Gefährtin eines guten Mannes und dampfende Suppe zu essen.

Nach der Suppe teilte Lydia das Essen aus, während Samuel jedem ein Stück Weißbrot abschnitt und Isaak den Wein in große Wassergläser füllte. Die Unterhaltung wurde von den Männern bestritten. Sie bestand darin, daß Rex nach Kühen und Pferden und Knechten und Mägden und Haus und Hof und Feldern und Äckern fragte. Dabei verfiel er in eine Art abgemildertes Schweizer Schriftdeutsch und zwang so die anderen, auch etwas verständlicher zu sprechen. Ich merkte wohl, daß er das für mich tat, damit ich besser folgen konnte. »Züchtet ihr immer noch Fülli? So, die Schafe habt ihr abgeschafft? Ich besinne mich noch auf diesen alten, krummbeinigen Geißbock, der in einem Weinfaß wohnte. Er sah aus wie der Teufel. Was, ihr wollt eine Melkmaschine anschaffen? Das ruiniert doch die Euter! Wie viele Kühe habt ihr jetzt? Und die Zeichnungen in Saignelégier, wie viele Preise habt ihr gemacht, nur fünfzehn? Ja, ja, ich weiß, das ist maximal. Und die Käserei, wird sie noch vom Antoine geleitet? Er ist jetzt bei der Deckstation? Was, der Jakob hat die Käserei übernommen? Und die Versorgung der Schweine auch? Wie viele hast du?« »Über

zweihundert.« »Und die fütterst du mit der Molke? Na, da mußt du sicher etwas zusetzen. Und die anderen Buben«, wendete er sich an sie, »wollen sie alle bure? Der Hof von den Gebrüdern Dunois wird frei? Ah, den soll der Christian übernehmen? Dann könnt ihr ja demnächst die Bschüttiröhre direkt auf die Felder legen. Aber daß ihr mir die Linde stehenlaßt! Ich hab' sie direkt gern, sie hat uns immer wieder als Stütze gedient, wenn das letzte Heufuder im Heuet umzukippen drohte.« Es war geradezu unheimlich, wie er sich auskannte. Von all dem hatte man in seiner Rolle als arroganter Hochschuldozent nichts geahnt. Aber jetzt schien er ein anderer Mensch geworden zu sein. Und dieser Mensch lebte mit sich in Übereinstimmung. Nichts mehr von dieser angestrengten Gespanntheit, von der unangenehmen Schärfe. Er strahlte geradezu menschliche Wärme ab wie ein Ofen. An allem war er interessiert. Jedem einzelnen wandte er sich zu und fragte ihn nach seinem Leben und seinen Plänen. Auch das tat er um meinetwillen, wie ich an seinen kurzen Blicken bemerkte, damit ich schnell einen genauen Eindruck gewann.

Dann wendete sich die Unterhaltung den Dingen der Täufergemeinde zu. Ja, es gab große Probleme. Einerseits wuchs die Gemeinde. Auf dem Berg oben hätten sie eine neue Versammlungshalle bauen müssen mit fast 1000 Plätzen. Die alte sei viel zu klein geworden. Aber immer mehr Leute kämen mit dem Auto statt mit der Kutsche. Der Peter von Wyss habe sich gar einen Traktor gekauft. Die Maßstäbe gingen verloren. Nun, das Radio wäre ja nötig wegen des Wetterberichts, aber das Fernsehen, nein, das sei eine Erfindung des Teufels. Es war der

alte Samuel, der diese Feststellung mit einem Schlag seiner schwieligen Faust auf den Tisch begleitete. Plötzlich wandte er sich an mich mit der strengen Frage: »Sind Sie eine Papischtin?«

Ich war zuerst zu verwirrt, um zu antworten.

»Ob du katholisch bist, will er wissen«, sagte Rex.

Mein verwirrtes Kopfschütteln hielt der alte Samuel wohl für ein Zögern.

»Wenn Sie eine Papischtin sind, sind Sie verloren. Papischten sind Heiden. Sie glauben nicht an das Wort des Herrn. Aber wenn ich nicht an das Wort glaube, bin ich verloren.«

Als sich das Mittagessen dem Ende zuneigte, begann ein neuer Akt in der Unterhaltung. Er bestand aus Nötigungen, noch mehr zu nehmen. So einen Exzeß der Aufforderungen hatte ich noch nie erlebt. Damit schlug die Stunde Lydias, der Hausfrau. »Es isch noch da«, sie zeigte auf die Schüsseln und Pfannen. »Nein, danke.« »Aber wir haben noch alles!« »Ich kann nicht mehr«, mit ersterbendem Blick. »Aber Sie hei ja no gar nüt gässe!« »Ich habe Tonnen von Fleisch und Gemüse vertilgt.« »Aber öppis Chäs müesse Sie no nä!« »Erbarmen!« »Bestimmt wolle Sie den Tête de Moine.« Hilfloser Protest. »Lieseli, gang reich einisch dr Tête de Moine.« Das Lieseli holt aus der Vorratskammer den Tête de Moine, der mir auf den Teller gelegt wird. »Dazu braucht's einen Bitz Brot.« Der alte Samuel schneidet ein Stück Brot ab, mit dem man eine Armee hätte füttern können, und legt es mir auf den Teller. »Dazu braucht es Anke und Konfitüre«, und so wird mir Butter und Marmelade gegeben. Allgemeine Kapitulation und dann,

nachdem ich das alles vertilgt habe, erneute Attacke mit Kommentaren über meine Magerkeit, meinen vogelhaften Appetit, die Notwendigkeit der kräftigen Ernährung, den Zusammenhang zwischen Appetit und der Fähigkeit, kräftig zuzupacken, sowie die Tatsache, daß man mit der Stillung des Hungers Gottes Willen vollzieht, denn »Er will nicht, daß der Mensch Hunger leidet.« Meistens war es der alte Samuel, der die Unterhaltung wieder in biblisches Fahrwasser steuerte, und während ich an meinem hoffentlich letzten Stück Käse würgte, ließ er sich über die Speisung der Fünftausend aus.

Später sagte mir Rex, daß diese Überwältigungsexzesse bei ihnen eine Form sei, dem Gast ihre Wertschätzung zu zeigen. Und je hochrangiger der Besuch sei, desto länger dauere die Nötigung. Schließlich wurde dieser Akt dadurch beendet, daß Lydia schwarzen, heißen Kaffee in die leeren Weingläser goß und ihr Mann Isaak zum Küchenschrank schritt und eine Flasche mit einer klaren Flüssigkeit herausholte, die, nach dem verschmitzt-verschwörerischen Ausdruck auf seinem Gesicht zu schließen, hochprozentigen Alkohol enthalten mußte. Mit zeremoniell verzögerter Vorfreude entkorkte er die Flasche, als ob nun das Tor zu einer besonders vergnüglichen Sünde geöffnet würde, und goß jedem der Männer einen Schuß Schnaps in den Kaffee. Bei Rex versuchte er noch einmal nachzugießen, aber da hielt dieser protestierend seine Hand über das Glas. Das löste ein längeres Drama der Nötigung und der Verweigerung aus, bis Rex schließlich nachgab und sich eine doppelte Portion Schnaps eingießen ließ. Dann wandte sich Isaak mir zu. »Das isch Chrisiwässerli«, sagte er in einer Sprache, die

er für Hochdeutsch hielt, »hätten Sie auch gern etwas?«
Alle sahen mich erwartungsvoll an. Ich hatte plötzlich
das Gefühl, als ob ich mich vor meiner Geburt entscheiden solle, ob ich als Mann oder Frau ins Leben zu treten
gedächte. Nach dieser Freßorgie hätte ich tatsächlich
einen kleinen Verdauungsschnaps gebrauchen können.
Aber keine von den Frauen hatte einen genommen. »Nur
wenn Lydia, Lieseli, Vreni und Lea auch einen nehmen«,
sagte ich. Das löste eine Protestwelle bei den Frauen
aus. Und als sich Isaak ihnen verschwörerisch mit der
Flasche näherte, hielten sie alle keusch ihre Hand über
die Gläser. Nach einem erneuten Drama des Nötigens
und des Protestes mußten sie nachgeben, um mich in
den Genuß meines Chrisiwässerlis kommen zu lassen.
Nur Vreneli blieb verschont, weil sie noch zu jung sei.
Rex machte mir später klar, daß ich mit dieser Geste
endgültig die Zuneigung der Frauen gewonnen hätte. Es
sei ein Akt der Solidarität gewesen, der wie eine symbolische Emanzipation gewirkt habe. Sie hätten sicherlich
zum ersten Mal in ihrem Leben Chrisiwässerli getrunken
und eine symbolische Provinz der Männer besetzt. Das
werde nie vergessen werden. Außerdem hätte ich alle
ihre Namen gekannt.

Tatsächlich schienen die Frauen den Alkohol nicht
gewöhnt zu sein, und sie wurden ziemlich lachlustig. Das
steigerte sich beträchtlich, als Rex erzählte, wie er als
Bub immer gern bei der Geburt der Kälber dabei gewesen sei. Da das häufig nachts passierte, habe er im Stall
schlafen dürfen, und besonders komisch habe er es
gefunden, daß die Kuh nach der Geburt eine Flasche
Wein zu saufen bekommen habe. Der Meischter – so

nannte er den alten Samuel – habe dann einfach die Schnauze der Kuh unter den Arm geklemmt und die Flasche hineingesteckt. Erst hätten die Kühe unwillig reagiert, aber wenn sie den Wein erst mal gekostet hätten, hätten sie sehr gierig gesoffen.

»Ja, das isch guet für den Kreislauf nach der Geburt. Sie leckcht dann das Kalb besser trockchen.«

Lydias Bemerkung, unter diesen Bedingungen wäre sie bei den sieben Kindern ja zur Alkoholikerin geworden, löste bei den Töchtern ein minutenlanges Gekicher aus, das auch während der Lesung in unterdrückter Form wieder aufzuflammen drohte.

Erst war mir nicht klar, was der neue Disput bedeuten sollte. Ausgelöst wurde er durch des alten Samuels Frage an Isaak: »Wer liest?« »Ja, du.« »Nein, du bisch der Meischter.« »Aber als Walti da gsi isch, häsch du gäng gläse.« »I weiß nit, wo mini Brille isch.« Aber seine Frau Dorli wußte es und holte sie aus der Stube von nebenan. Die Frauen legten wieder ihre Hände in den Schoß, die Männer falteten sie vor der Stirn. Samuel stand auf und riß ein eng bedrucktes Blatt von einem Kalender ab, der an der Seite des Küchenschranks hing, setzte sich wieder, räusperte sich und setzte die Brille auf. Dann begann er zu lesen. Die erbauliche Geschichte, die er verlas, handelte ausgerechnet von der zerstörerischen Wirkung des Alkohols. Sie erzählte, wie ein Trunkenbold, nachdem er zum Kummer seiner Frau und seiner weinenden Kinder fast den ganzen Hof durchgebracht hatte, durch die Gnade Gottes und ein Erweckungserlebnis wieder auf den Pfad der Rechtschaffenheit zurückgeführt worden war. Samuels Lesung erfolgte natürlich auf

Schriftdeutsch. Er las langsam und gründlich, so als ob er einen Pflug durch einen Acker zöge und mit gerader Furche Zeile um Zeile den Sinn umwälze. Die Geschichte verlor dadurch alle Kitschigkeit. Hin und wieder blieb er stecken, als ob der Pflug auf einen Stein gestoßen wäre. Aber dann half ihm seine Frau Dorli darüber hinweg. Sie hatte einen leicht schiefgelegten Kopf, und da sie übers Eck von Samuel saß, konnte sie mühelos mitlesen. Rex erzählte mir später, von dieser jahrelangen Souffleurarbeit habe sie erst ihren schiefen Hals bekommen. Da sie aus dem Langenthal in der deutschen Schweiz stamme und nicht aus dem Jura, könne sie besser lesen als er.

Als die Geschichte zu Ende war, schlug Samuel die Bibel auf und las eine ganze Passage aus dem Buch der Richter. Sie handelte von Jephtha und seiner Tochter. Wie sie mit der Alkoholikergeschichte zusammenhing, blieb mir rätselhaft. Aber in der Sprache Samuels klangen die Worte wie die Verlautbarungen der Patriarchen. Ich fühlte mich an die Ufer des Jordan versetzt und hörte durch die Mauern das gedämpfte Glockengeläute der Herden. Hier lebten sie, die alten Israeliten, Lydia und Samuel und Isaak und Lea und Jakob, und sie hatten Rex willkommen geheißen als den verlorenen Sohn, der ins Land seiner Väter zurückgekehrt war von den Fleischtöpfen Ägyptens, und er hatte sich ein Weib genommen aus dem Lande Moab. Aber sie war willkommen geheißen unter den Stämmen Israels um seinetwillen. Ja, sie haben mir ihren Segen gegeben. Halleluja!

Nachdem ich nach dem Mittagessen den Frauen beim Abräumen und Abwaschen geholfen hatte und die Män-

ner vor dem Hause einen Stumpen geraucht hatten, veranstaltete Isaak für uns eine private Führung durch den Hof. Wir besichtigten leere Kuhställe – das Vieh war jetzt auf der Weide – und im oberen Stockwerk die bis unter das Dach hochgetürmten Heu- und Getreidevorräte. Hinter dem Haupthaus befand sich ein weiteres Gebäude, in dem die Wagen, Maschinen, Werkstätten, die Geflügelställe, Schafställe und die Ställe für die Jungpferde untergebracht waren. Begleitet wurden wir bei diesem Rundgang von einem majestätischen Berner Sennhund, der es sich in den Kopf gesetzt hatte, meine Hand in die Schnauze zu nehmen und festzuhalten. Schließlich wurden noch die neue Jauchepumpe, der Heuverteiler, das Bienenhaus und die neue Futteranlage besichtigt. Ich staunte immer wieder, was Rex alles über das Bauernleben wußte. Zwischendurch war immer von anderen Verwandten und weiteren Täufern die Rede – wie die ein technisches Problem gelöst hatten und welche Preise sie bei den Märkten und Viehprämierungen erzielt hätten – und Rex kannte sie fast alle. Das Eigenartige war, daß sie alle gleich hießen. Es gab nur wenige Familiennamen, weil es nur wenige große Clans gab: die Bögli, die Gerber, die Wyss, die Amstutz – und da die biblischen Vornamen, die vielen Samuels und Jakobs, auch alle gleich waren, nannte er sie mit dem Flurnamen des Hofes und dem Vornamen. So gab es den Stiereberg-Samuel, den Chatelât-Samuel, den Fornet-Samuel etc.

Schließlich ließ uns Isaak allein, um irgendeiner Arbeit nachzugehen. Das befreite mich auch von meinem oralgestörten Hund. Und Rex und ich machten einen Spaziergang hinunter in die große Viehweide. Wieder hörte man

von überall her das Klingeln der Glocken. Die Sonne schien mild vom blaßblauen Himmel. Zu unserer Linken ging die Weide in einen Hang über, bei dem das Auge sich im Dunkel der immer dichter werdenden Tannenstämme verlor. Vor uns breitete sich eine ins Unendliche abfallende Tallandschaft aus, auf der wie auf einer Luftbildaufnahme die Weiler und Dörfer weiß in der Sonne glänzten. Die welligen Flächen aber wechselten zwischen dem hellen Grün der Weiden und dem Dunkel der Tannenwälder. Und als winzige Flecken sah man die Herden an den Hängen. Am Horizont schwamm der Weissenstein wie eine leuchtende Insel im dunstigen Blau. Rex zeigte nach oben, wo Raubvögel kreisten: »Der Schrecken von Lydia«, sagte er, »sie holen immer die Hühner.« Wir ließen uns zwischen dem Geläute der Kühe langsam zu Tal treiben. Wenn wir in ihre Nähe kamen, hoben die Kühe die Köpfe, stellten die flauschigen Ohren vor und starrten uns aus großen Augen an. Das unterbrach jedes Mal das Läuten der Glocken, das vom gleichmäßigen Nicken der Köpfe beim Grasrupfen verursacht wurde, und ließ uns durch eine Gasse selektiver Stille wandeln. Es war, als ob eine Menge einem fürstlichen Paar Tribut zollte.

In regelmäßigen Abständen befanden sich Brunnen, in die sich aus einem Rohr frisches Wasser ergoß. In die Seiten der Steintröge waren die Jahreszahlen der Anfertigung und die Namen der Bauern eingemeißelt. An einem mit der Inschrift »Samuel und Dorothee Gerber« ließen wir uns nieder, und Rex machte mir vor, daß man das klare Wasser ohne weiteres trinken konnte.

Inzwischen hatte ich das arrogante Scheusal von früher

völlig vergessen. Er war ein neuer Mensch geworden, ein Mann, in den ich mich verliebt hatte. Aber leise klopfte das Bewußtsein an, daß dieser Mensch nur hier, in der Schweiz, existierte, daß er außerhalb wieder verschwinden würde, ja, daß es ihn gar nicht mehr gäbe, daß er erlöschen würde wie eine Kerze. Aber hier, wo er dasaß, auf dem Brunnenrand, und das klare Bergwasser in seinen zur Schale geformten Händen auffing, war er wirklicher, als dieser gespannte, hochnäsige, ironische Saukerl je gewesen war. War es diese Landschaft, war es die Schweiz oder diese eigenartige Welt der Täufer, die ihn so verwandelte? Es mußte da etwas geben, das ich nicht verstand.

»Wie war das eigentlich, wie hast du es erlebt, als du als kleiner Bub in die Schweiz kamst? Erzähl doch mal!«

Und während das Wasser plätscherte und die Kuhglocken um uns herum läuteten und sich die Wespen am Rande des überfließenden Wassers versammelten, um sich die Bäuche zu füllen, erzählte er.

Und so lautete die Erzählung von Rex.

Rex' Bericht über seine Kindheit als Hütebub

»Ich weiß nicht, ob du dir das noch vorstellen kannst, aber Ende der fünfziger und Anfang der sechziger Jahre gab es in Deutschland noch Ruinen aus der Zeit des Krieges. Unmittelbar nach der Währungsreform, als der Wiederaufbau einsetzte, hat man natürlich alles abgerissen und die Baulücken durch Neubauten gefüllt. Aber Anfang der sechziger Jahre begann die Erholung des historischen Gedächtnisses. Waren die Außenmauern eines Gebäudes noch erhalten, stützte man historische

Fassaden mit Balkenkonstruktionen ab und baute da hinein ein neues Haus. Nun, meine Eltern wohnten neben so einer Jugendstilfassade. Das war eine riesige Theaterdekoration. Eines Tages herrschte ein ziemlicher Sturm und blies die Fassade um. Sie fiel direkt auf meine beiden Eltern. Sie waren sofort tot. Ich fand das einen ironischen Tod, so spät nach dem Krieg noch sein Opfer zu werden. Wirklich ironisch! Mein Vater war noch Soldat gewesen und hatte die Ardennen-Offensive überlebt. Meine Mutter war als junges Mädchen zwischen den brennenden Häusern von Dortmund herumgelaufen. Und dann lassen sie sich von einer Spätwirkung erwischen! Es hatte irgend etwas Blödes an sich. Ich kann sagen: Sie sind nach dem Krieg gefallen. Der Gipfel der Ironie war, daß mein Vater sich als Leiter der kommunalen Baubehörde für die Erhaltung alter Bausubstanz engagierte.

Nun, ich verschone dich mit meinem Vollwaisenschicksal. Es gab da eine Schwester meines Vaters. Aber die wohnte in der DDR. Also übernahm erst mal das Jugendamt die Vormundschaft über mich. Und da gab es einen Amtmann, der Verbindungen zum Schweizer Roten Kreuz hatte. Diese wohltätige Einrichtung organisierte Ferienaufenthalte deutscher Waisenkinder und der Insassen von Jugendheimen in die Schweiz. Und so wurde ich in die Ferien geschickt, die fast vier Jahre dauern sollten.

Im Frühjahr hatte mich der Amtmann in einen Zug gesetzt, der mich zusammen mit anderen Kindern nach Basel brachte, wo uns die Schwestern vom Schweizer Roten Kreuz in Empfang nahmen. Das Erlebnis dieser ersten Schweizer Stadt war überwältigend. Sie wirkte

unvorstellbar reich. Es gab keine einzige Ruine. Die Waren lagen in überquellenden Auslagen sogar vor den Geschäften, ohne daß irgend jemand klaute. Und die Fahrräder parkten auf den Straßen, ohne daß sie abgeschlossen werden mußten. Niemand stahl sie. Wir wurden ärztlich untersucht, gebadet, desinfiziert und schließlich sortiert. Am Ende wurde ich mit einigen anderen Kindern einer anderen Schwester übergeben, die mit uns einen Zug nach Biel bestieg. Als wir unterwegs in Delémont hielten, sagte die Schwester zu mir: »So, hier wirst du abgeholt.« Ich nahm mein Köfferchen, kletterte auf den Bahnsteig hinunter und blieb so lange stehen, bis alle Reisenden verschwunden waren. Und dann kam der alte Samuel auf mich zu. Na, damals war er natürlich noch nicht alt, so etwa um die 45, so wie Isaak heute. Er war drahtig und sonnengegerbt und hatte wie alle Mennoniten, wie du bemerkt haben wirst, einen kleinen Bürstenschnurrbart und trug einen Hut. Als er mich begrüßte, traf mich ein furchtbarer Schock. Du kannst dir das vorstellen: ich verstand kein einziges Wort. Er muß geglaubt haben, ich sei eine Art Idiot oder durch das Schicksal meiner Eltern sprachlos geworden. So nahm er mich einfach bei der Hand und schleppte mich aus dem Bahnhof zu einem zweirädrigen Pferdewagen, hob mich auf einen mit Schaffell ausgepolsterten Sitz und fuhr los.

Nun, wir sind dieselbe Strecke gefahren wie wir eben durch die Pichoux-Schlucht. Als wir oben auf der Hochebene ankamen, war ich von der Andersartigkeit des Viehs verblüfft. Ich kannte nur schwarzbunte und rotbunte Kühe. Aber diese Kühe waren eben blond. Und sie

 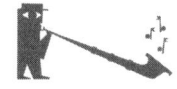

hatten auch keine Flecken wie die zu Hause, sondern die Farbschattierungen, die du gesehen hast. Aber das Allerschönste war eben: Jede Kuh trug eine Glocke um den Hals. Und die Pferde auch. Schließlich hielten wir vor Samuels Haus. Dieser Baustil, die Tiere, die Landschaft, die Sprache, die Fortbewegung, alles verkündete mir: Ich war nun in einer anderen Welt.

Ein paar Jahre später hatte ich meine alte Welt in Deutschland vergessen. An meine Eltern erinnerte ich mich mit einer Art Phantomschmerz. Aber ich hatte ja schon jahrelang kein Hochdeutsch mehr gesprochen. Ich hatte keine Schule besucht, ich war Hütejunge bei Samuel Gerber und gehörte nun zur Welt der Täufer und war selbst ein Täufer. Mit vierzehn Jahren würde ich ein Erweckungserlebnis haben und auch getauft werden.

Du hast es ja gesehen, das Leben war übersichtlich, plausibel und geordnet. Zum Haushalt vom Gerber Samuel gehörten Dorli, ihre alte Mutter und die Kinder Daniel, Isaak, Ruth, Vreni, Jakob, Samuel junior, Ulrich und Rachel. Dazu der welsche Pferdeknecht Antoine, seine Schwester Annemarie, die mir manchmal beim Kühehüten half, Dorlis Neffe Res, der alte Karl, der für die Waldarbeit zuständig war, die Küchenmagd Linde Bögli und ich als Hütebub. Zur Ernte kamen dann immer dieselben Saisonarbeiter: der humpelnde Christian, genannt Chrigu, der verwegene Ötti, ein schweigsamer Typ namens Helkia und mein Liebling, der arbeitsscheue, aber besonders vergnügte Gabriel. Auf irgendeine mir unklare Weise waren die meisten von diesen ebenfalls mit dem Meischter oder der Meischterin ver-

wandt. Eigentlich sind die Täufer alle miteinander verwandt. Es gibt eben die großen Clans, und sie sehen sich alle ähnlich. Dabei blieben die Mennoniten unter sich. Auf die Katholiken schaute ich mit endlosem Mitleid. Mir war klar, daß sie als Papisten in tiefer Finsternis lebten. Sie würden in der ewigen Verdammnis schmoren. Daß sie gezeichnet waren, war jetzt schon an eindeutigen Merkmalen zu erkennen. Wenn du nachher zum Nachbarn hinüberschaust, wirst du es sehen. Ihre Misthaufen sind einfach ein Skandal. Während die Täufer aus ihrem Mist kleine Kunstwerke der Architektur machen, indem sie die Ränder durch Fältelung des Strohs wie Mauern hochziehen, schmeißen die Welschen ihren Mist einfach auf einen ungeordneten Haufen, ein Greuel vor dem Auge des Herrn. Und während wir unsere Kühe fast jeden Morgen nach dem Melken striegelten, waren die welschen Kühe tagelang von oben bis unten beschissen. Direkt neben uns wohnten die Gebrüder Dunois, die er jetzt aufkaufen will, mit ihrer grauenhaften Mutter, deren Gebiß schaurig klapperte, wenn sie eine Flut von unverständlichem Französisch über mich ausgoß. Sie vergaß sich sogar so weit, Kautabak zu kauen. Mit ihnen hatten wir nichts zu tun.

Die Verwandten in der Nachbarschaft dagegen besuchten wir häufig. Du wirst sie ja noch kennenlernen. Vor allem den Samuel in Préspia mit seinen acht Kindern. Mit Christian und Jaköbli war ich direkt befreundet. Und da der Meischter über den besten Deckstier der Gegend verfügte, kamen sie ständig mit irgendeiner stierigen Kuh über den Berg zu uns gelaufen. Das Decken bot dann jedesmal einen Anlaß für die Versammlung aller

Söhne und aller Knechte. Doch man traf sich ja sowieso an jedem Sonntagnachmittag im Bethaus auf dem Mont Moron. Da oben auf dem Berg liegt das Gemeindezentrum der Täufer. Vor dem Gottesdienst, der gegen fünfzehn Uhr beginnt, ging es zu wie auf High Chapperal. Damals fuhr niemand mit dem Auto. So kamen alle mit Pferdekutschen und Zweispännern und einspännig und trafen sich auf dem Vorplatz des Bethauses in einem wilden Durcheinander von Gewieher und Peitschenhieben und rasselnden Wagen. Es dauerte ewig, bis alle Frauen aus den Kutschen ausgestiegen und alle Pferde ausgespannt waren. Während des Gottesdienstes hörte man dann immer wieder das Gewieher der Pferde, und so manchen Bauern wird das daran erinnert haben, daß der Herr ihn mit gesundem Vieh gesegnet hatte und er gefälligst dankbar zu sein habe.

Das waren jedenfalls Gedanken, die auch der Prediger häufig ansprach. Der Prediger war eigentlich auch der Lehrer, der die mennonitische Schule betrieb, und ihm gestand man eine Art Vorrecht zu, die Versammlung zu gestalten. Aber grundsätzlich kann jedes Gemeindemitglied predigen, wenn der Geist über es kommt. Mir fiel es erst spät auf, daß der Geist sich immer wieder dieselben Leute aussuchte, während andere nie von ihm erfüllt zu werden schienen. Und über die Frauen kam er überhaupt nie. Aber auf diese Weise konzentrierte sich das rhetorische Training auf diejenigen, denen der Herr die Begabung zum Predigen gegeben hatte. Wenn etwa der Stiereberg-Samuel sich von seinem Sitz erhob, die sechs Stufen zur Kanzel emporkletterte, die neben dem Harmonium das einzige war, an dem sich der Blick in dem

kalkweißen Bethaus festsaugen konnte, wenn er seine Bibel aufschlug, die betreffende Stelle gefunden hatte und den Blick über die Gemeinde schweifen ließ, konnte sich jeder auf eine Strafpredigt voller köstlicher rhetorischer Exzesse freuen. Wegen dieser Praxis der Laienpredigt ist das rhetorische Niveau der ganzen mennonitischen Gesellschaft höher, als ich es später selbst an den Universitäten getroffen habe.

Du siehst, das Leben der Täufer ging in den Erlebniskategorien, die das Alte Testament lieferte, restlos auf. Es gab die großen Familien, es gab die großen Herden, und es gab das dauernde Gespräch mit Gott. Wenn man sich nicht im Bethaus traf, dann reihum auf den Höfen zur abendlichen Bibelstunde. Und es gab die Lesungen zu den Mahlzeiten, wie du sie erlebt hast. Die wurden strikt eingehalten. Es gibt das Morgenessen, das Z'nüni, also das Frühstück um neun, das Mittagessen, das Z'vieri, also um vier Uhr, und das Nachtessen. Bei jeder Mahlzeit wird vorher und nachher ein Gebet gesprochen, und zu den drei Hauptmahlzeiten gibt es nach dem Essen die Lesungen. Am Morgen wird das Losungsbuch verlesen, am Mittag, das hast du ja gesehen, das Kalenderblatt und die dazugehörigen Bibelstellen, und am Abend wird aus der Bibel und aus einem Erbauungsbuch gelesen. In aller Regel tut das der Meister selbst. Aber manchmal, wenn ein distinguierter Gast kommt, wird auch er gebeten.

Der Rhythmus des Tageslaufs ist von der Arbeit und dem Vieh bestimmt. Die Hauptwirtschaftsgrundlage der Täufer ist die Milchwirtschaft und die Pferdezucht. In der Käserei gegenüber, du hast das ja gesehen, wird bis

70

heute der Tête de Moine hergestellt. Er gilt als besondere Delikatesse. Man schneidet vom Mönchskopf den Skalp ab, schabt den Käse herunter und legt danach den Skalp wieder auf die Schnittstelle, damit der Käse nicht austrocknet. Das ist eine Spezialität der Gegend hier, und sie ist richtig teuer. Aber natürlich fabriziert man auch Emmentaler und Gruyère, die in Mengen großer Wagenräder in den Kellergewölben der Käsereien vor sich hin reifen. Zweimal am Tag schleppten wir nach dem Melken unsere großen Milchkannen in die Käserei. Gemolken wurde per Hand – jetzt wollen sie ja offenbar eine Melkmaschine anschaffen – und ich molk jeden Morgen und Abend fünf Kühe, während der Meischter und die anderen jeweils die doppelte Menge in der gleichen Zeit schafften. Zwischen der Heuernte und dem Winter hatte ich alle Kühe in die Berge zu treiben und zu hüten. Wenn du nie Kühe gehütet hast, weißt du nicht, wie langsam die Zeit vergehen kann. Da lernst du beobachten, wie die Erde atmet. Die Wolken ziehen, die Käfer krabbeln, der Regen regnet, und die Kühe grasen, legen sich hin und kauen wieder und betrachten einen mit einem nachdenklichen Blick aus ihren schönen, sanften Augen. Ich finde, diese Kühe hier sind schön. Sie sehen wirklich gut aus. Damals hätte ich zur Verteidigung ihrer Schönheit mich auf einen Faustkampf eingelassen. Jedes Jahr bei der großen Prämierung aller Kühe der Franches Montagnes in Saignelégier gehörten wir zu den Preisträgern. Das ist ja wohl immer noch so. Am Tag vor dem Auftrieb wuschen wir jedes einzelne Tier, so daß sie alle vor Sauberkeit leuchteten. Am nächsten Morgen wurde früher als gewöhnlich gemolken. Und

dann begann der große Treck. Nach etlichen Stunden im Morgennebel hörten wir in der Ferne das Blöken der anderen Herden, die durch die Tannen zogen, demselben Ziel entgegen. In Saignelégier ging es zu wie im Wilden Westen. Über 2000 Kühe wurden dort zusammengetrieben. Man pflockte sie in endlosen Reihen an, und die Preisrichter schritten die Fronten ab. Das dauerte den ganzen Tag. Inzwischen mußten sie gefüttert werden. Gleichzeitig war der große Viehmarkt. Überall sah man die Bauern feilschen. Sie taxierten die Kühe, fragten nach dem Preis, wendeten sich empört ab, kamen wieder zurück. Das dauerte Stunden. Und am Nachmittag begann die Zeit der großen Geschäftsabschlüsse. Sie wurden mit Chrisiwässerli besiegelt, das du heute probiert hast. Die Täufer sind asketische Leute und trinken in der Regel nicht viel. Aber um einen erfolgreichen Geschäftsabschluß zur Ehre des Herrn zu feiern, ließen sie sich nicht lumpen. Um fünf Uhr nachmittags waren alle betrunken. Da gingen sie aus sich heraus. Da sagten sie so manch einem die Meinung, die sie ein Jahr lang um des Friedens willen zurückgehalten hatten. Da fiel so manch einem ein, daß der Herr auch ein zorniger Gott sein konnte, und sie stellten sich in seinen Dienst. Ein Wort gab das andere, und manche prügelten sich wie die Kunden in einem Western Saloon. Die Schweizer Täufer sind an sich Pazifisten, aber sie leisten ihren Wehrdienst in der Schweizer Milizarmee wie jeder andere. Jeder hat seine Uniform und seinen Karabiner zu Hause im Schrank. Und so verstehen sie diese gelegentlichen Ausbrüche von Kampfkraft als eine Art von Wehrübung. Nun, gegen Ende des Nachmittags wurden die Kühe los-

gebunden, die vor lauter Sehnsucht nach den Ställen blökten, als sei der letzte Tag gekommen, und von nun an brauchte man sich nicht mehr um sie zu kümmern. Man hätte es auch nicht gekonnt. Weil sie nicht zu halten gewesen wären. Sie liefen die ganze Strecke im Galopp allein nach Hause in ihren Stall.

Meine Domäne waren also die Kühe. Aber während des Frühsommers und im Winter brauchte man sie nicht zu hüten, da gab es anderes zu tun. Hier arbeitet jeder, ob Mann, ob Frau, ob Kind oder Erwachsener, von morgens halb sechs bis abends halb neun. Das klösterliche Gebot des »Bete und arbeite« ist hier zur Lebensform geworden. Arbeit ist auch eine Form des Gemeinschaftslebens, denn meistens arbeitet man zusammen. Es gibt zwar komplizierte Maschinen, du hast sie ja gesehen, also Sämaschinen oder Bindemäher, aber sie sind mechanisch, und die Antriebskraft ist natürlich. Auch an solchen Maschinen muß man zusammenarbeiten. Damals gab es noch keinen Arbeitskräftemangel. Aber die meisten Täufer haben sowieso große Familien, sie praktizieren keine Geburtenkontrolle. Bis zum zehnten Lebensjahr besuchen die Kinder die welsche Schule, dann wechseln sie zur mennonitischen Schule, an der auch Deutsch unterrichtet wird. Das war übrigens der Grund, weshalb man mich nicht zur Schule schickte. Die welsche Schule wollte man mir wegen der französischen Unterrichtssprache und der papistischen Einflüsse ersparen. Für die Mennonitenschule war ich noch zu jung. In Wirklichkeit ging es wohl darum, daß die Kühe auch während der Schulzeit gehütet werden mußten und Samuels eigene Kinder alle schon zur Schule gingen. So

habe ich nie eine Volksschule besucht. Wie sich später herausstellte, war das auch nicht nötig. Ich hatte genauso viel durch die Bibellektüre gelernt: Alte Geschichte, Religion, Deutsch, Moralphilosophie und Geographie. Den Rest lernte ich auf der Sonntagsschule, und durch die Auseinandersetzungen mit den Welschen schnappte ich auch etwas Französisch auf.

Nach vier Jahren hieß es plötzlich: zurück nach Deutschland! Nach ihrer Flucht aus der DDR hatte meine Tante einen Zechendirektor aus dem Ruhrgebiet geheiratet. Als sie bemerkten, daß sie keine Kinder bekommen konnten, holten sie mich zurück, um mich zu adoptieren. Ein liberaler Gymnasialdirektor und ein tollkühner Klassenlehrer, der wissen wollte, wie ein ungebildeter Kuhhirte mit dem Lateinischen zurechtkommt, bewerkstelligten etwas, das bei der heutigen Bürokratie völlig unmöglich wäre, nämlich daß ich ohne die obligatorische Aufnahmeprüfung ins Gymnasium kam. Bei den Täufern hatte ich arbeiten gelernt, und nach einigen Monaten war der Schulstoff nachgeholt. Latein zu lernen, war gleich am Anfang interessanter als beim Kühehüten die Wolken zu zählen.

Es gibt keine Phase meines Lebens, die für mich wichtiger gewesen wäre als meine Zeit bei den Schweizer Täufern. Ich hatte die Erfahrung gemacht, daß es verschiedene Welten gibt. Für einen Jungen meines Alters war die Welt der Täufer wesentlich geschlossener, plausibler und verständlicher als die Welt meiner Herkunft. Ihre Bewohner schienen mir auch im Rückblick seelisch gefestigter und vor allem moralisch unvergleichlich überlegen. Ich will das nicht sentimentalisieren, auch

ich habe unter der Härte, dem unerbittlichen Patriarchalismus, der Arbeitsaskese und dem Mangel an Einfühlung in die kindliche Erlebniswelt gelitten. Man feierte keine Geburtstage, die Festbräuche an Weihnachten und Ostern galten als heidnischer Firlefanz, und emotionale Probleme wurden ignoriert. Aber es war eine sozial hochintegrierte Welt. Äußere und innere Welten wirkten nicht getrennt. Die Religion war allumfassend, und ihre Rhetorik beherrschte den äußeren Diskurs ebenso, wie sie das Medium für die Artikulation innerer Auseinandersetzungen lieferte. Eine Welt mit solchen Außenstützen braucht keine Psychologie. Es war zwar eine patriarchalische Welt, aber in der Gemeindeverfassung herrschte ein demokratischer Geist, der ein grundsätzliches Mißtrauen gegen jede amtliche Hierarchie schuf. Im Zentrum stand die Unmittelbarkeit der Gotteserfahrung durch die Schrift. Das begründete eine Allergie gegen jede Autorität, die sich als Deutungsinstanz zwischen den einzelnen Menschen und die Wahrheit schob. Hier sprudelte die Motivquelle für jene Abneigung gegen den Papismus mit seinen Ritualen, Prälaten und Priestern. Im übrigen haben meine Erlebnisse die Analysen von Max Weber über den Geist des Puritanismus bestätigt.

Die Andersartigkeit dieser Welt gegenüber der, in die ich zurückgekehrt bin, hat in mir einen Sinn für die Unwahrscheinlichkeit der Moderne begründet. Nachdem ich eine Weile in der Welt des 17. Jahrhunderts gelebt hatte, habe ich mich nie mehr ganz an die Welt des 20. gewöhnen können. Das hat wohl einen ironischen Grundzug in mir befestigt, den meine Freunde mir jedenfalls attestieren. Vielleicht hast du es auch be-

merkt. Aber der Grund hierfür liegt in diesem Lebensgefühl: meine eigentliche Welt ist hier.«

»Und wer bist du wirklich?«
Als er seine Erzählung beendet hatte, schwiegen wir beide und lauschten dem regelmäßigen Geläute der Glocken und dem steten Rauschen, mit dem sich der Wasserstrahl in einem Bogen aus einer eisernen Röhre in den randvoll gefüllten Brunnen ergoß. Mich drängte es, ihm die Frage zu stellen, die mich heimlich beunruhigte: Wer bist du wirklich? Dieser hinreißende Schweizer, den ich zu lieben begonnen habe, oder dieser arrogante Deutsche mit diesem angestrengt ironischen Ton? Aber die niederschmetternde Banalität der Frage verschloß mir die Lippen. Außerdem, wer sollte das beantworten, der Schweizer oder der Deutsche in ihm? »Hallo, Mr Jekyll, sind Sie Mr Hyde oder Mr Jekyll?« »Ach, Verzeihung, Mr Hyde, ich habe Sie mit Mr Jekyll verwechselt.« Und würde die Frage nicht den Zauber zerstören, der über allem lag?

Ich gebe zu, es war alles furchtbar kitschig. Natürlich war mir klar, daß die Schweiz sowieso schon immer ein Sehnsuchtsort der Deutschen gewesen war. Seitdem die Romantiker das Erhabene entdeckt hatten, wurde das, was bisher als abweisend, lebensfeindlich und wüst gegolten hatte, poetisch: das Hochgebirge, die wilde Natur, das Großartige und Rauhe und Ungezähmte. War nicht Rousseau auch ein Schweizer?

Wurde ich ein Opfer meiner romantischen Prägung? War ich das kranke Zivilisationskind, das aus der Großstadt zu Heidi auf die Alm fliehen muß, um wieder an

Leib und Seele zu gesunden? War Samuel meine Version des Alm-Öhi und Rex meine männliche Heidi? Ich muß wohl bei dem Gedanken gelächelt haben, denn Rex sagte: »Na, du hast recht, die Geschichte hat etwas Absurdes.«

Ich protestierte: »Aber nein! Sie ist rührend. Ich stelle mir dich vor als kleinen, tapferen Jungen. Aber wie war das, als du nach Deutschland zurückkamst? Wie schnell bist du wieder zum Deutschen geworden?«

»Sehr schnell. Du weißt ja, wie Jungs sind: grausame kleine Bestien. Als ich zu meinem Onkel nach Deutschland kam, sprach ich Berndütsch, hatte den kurzen Haarschnitt der Mennoniten und trug Hosen, die übers Knie reichten und von meinen Klassenkameraden unter schrillem Gelächter als Dreiviertelschwenker verhöhnt wurden. Da ich also schwer gehänselt wurde, machte ich es mir zur Regel, mir Respekt durch Prügel zu erzwingen. Jeder, der mich zu hänseln versuchte, mußte damit rechnen, angefallen zu werden, auch wenn er stärker war. Du mußt bedenken, ich war Mennonit und hatte Gott auf meiner Seite. Meine Tante, also meine Adoptivmutter, hielt mich erst für schwer erziehbar.«

»Und so hast du die Schweizer Identität schnell abgelegt.«

»Ich weiß nicht recht. Ja und nein. Die mennonitische Arbeitsethik jedenfalls hatte ich zunächst beibehalten. Das half mir, die versäumten vier Schuljahre binnen kürzester Zeit nachzuholen. Aber die Sprache und der Habitus, ja, das wurde schnell gegen ein deutsches Kostüm ausgetauscht.«

»Kostüm?«

»Was meinst du, ›Kostüm‹?«

»Du hast ›deutsches Kostüm‹ gesagt. Das klingt nach Verkleidung, so als ob es nur eine Rolle wäre, die du spielst.«

»Habe ich tatsächlich ›Kostüm‹ gesagt? Na ja, vielleicht hat das meine Neigung zum Theater begründet. Mir war klar geworden, daß es verschiedene Wirklichkeiten gibt, mit verschiedenen Rollensets. Das wurde wohl Teil meines Lebensgefühls.«

Wieder hatte ich den Impuls zu fragen: »Und wer bist du wirklich?« Aber sobald sich diese Frage in ihrer unendlichen Banalität vor mir entfaltete, erschien sie mir wie die Standardfrage des deutschen Gretchens an ihren Hallodri von Faust. Und dann hörte ich meine Lippen die unsterblichen Worte murmeln: »Und wer bist du wirklich?«

Rex wandte mir mit einer langsamen Bewegung den Kopf zu, der so schwer zu sein schien wie der eines Stiers, und sah mich an, als ob ich einen Wahnsinnsanfall erlitten hätte. Ich versuchte fröhlich zu lachen und sagte: »Das war ein Zitat.«

Seine Miene hellte sich auf.

»Woraus?«

»Aus dem ›Faust. Dritter Teil‹. Die heutige Übersetzung der Gretchenfrage.«

Da lachte er schallend. Sein Lachen war so laut und anhaltend, daß ich es etwas übertrieben fand. Als er zum Luftholen eine kleine Pause einlegte, hörten wir das Lachen plötzlich vervielfacht von den Hängen als Echo zurückfluten. Es war gespenstisch. Der Effekt provozierte sein erneutes Gelächter, und knallend und schep-

pernd tönte es zurück. Es war mir, als ob ich von einer Meute höhnischer Berggeister ausgelacht würde. Als er sich beruhigt hatte, sagte er: »Du weißt gar nicht, wie recht du hast. Mir hat tatsächlich schon einmal eine Frau genau diese Frage gestellt. Stell' dir vor, die stellt sich vor mich hin und fragt mich: ›Wer bist du wirklich?‹« Und er begann erneut zu lachen. Was fand er nur so komisch daran? dachte ich. Aber laut versuchte ich durch einen schrillen Jodler zu zeigen, daß ich das ebenfalls rasend lustig fände.

»Nein, das hat sie wirklich gefragt, einfach so? Sie hat sich hingestellt und dich gefragt: ›Wer bist du wirklich?‹ Das ist nicht dein Ernst!«

»Doch! Ich schwöre es dir. Damals in Freiburg nach unserer Aufführung hatte ich mal eine Freundin hierher geschleppt...«

»O, hierher...?« Die Mitteilung versetzte mir einen Schock. Ich hatte angenommen, ich sei die erste, die er in den Zauberkreis seiner Intimidentität hatte hineintauchen lassen. Hier hatten also schon andere herumgetrampelt! Etwas ernüchtert betrachtete ich die Hufspuren im frischen Matsch vor dem Brunnen. Hier war die Quelle für mehr als eine Kuh!

»Ja. Du hast sie wahrscheinlich gekannt. Sie hieß Rosi, war so eine schwarzhaarige Mondäne, ist ja auch gleich. Na, kurzum, ich wollte sie mal ins 17. Jahrhundert entführen und habe sie hierher geschleift. Aber das war eine gewaltiger Fehler. Denn danach hatte sie ein Problem.«

»Was für ein Problem?«

»Na, sie behauptete, ich sei schizophren. Sie könne

mir nicht mehr trauen. Ich hätte zwei Gesichter. Kaum hätten wir die Schweizer Grenze passiert, hätte ich mich in eine andere Person verwandelt. Das sei geradezu unheimlich gewesen.«

»Aber sie hat recht!« wollte ich schreien. Doch ich brachte es nur fertig, »tatsächlich?« zu murmeln.

»Ja, dir mag es unglaublich erscheinen, aber sie hatte sich geradezu darauf versteift. Sie wisse nicht mehr, woran sie mit mir sei. Es sei wie bei der Beschreibung von Besessenheiten im Spätmittelalter – sie war Historikerin – als wir bei Basel über die Grenze gefahren seien, habe eine andere Person von mir Besitz ergriffen und aus mir gesprochen. Alles sei verändert gewesen, die Sprache, die Stimme, die Körpersprache, einfach alles. Auch die Art, wie ich mich geben würde. Sie konnte gar nicht mehr damit aufhören. Erst hatte ich geglaubt, sie wolle mich hochnehmen, weil ich mit dem Berndütsch etwas, na, sagen wir mal, etwas rustikal wirke, aber nein, sie meinte es tatsächlich ernst. Kannst du dir vorstellen, daß jemand von so einem Blödsinn wirklich tief überzeugt ist?«

»Nein.«

»Doch! Und schließlich hat sie mich gefragt: ›Wer bist du wirklich?‹«

»Und was hast du geantwortet?«

»Na, so eine Frage läßt sich doch nicht beantworten. Sie untergräbt doch ihre eigenen Prämissen. Genau genommen, kann man sie gar nicht stellen: Hallo, Deutscher, sind Sie vielleicht ein Schweizer?

Wenn ich schon zwei Personen bin, kann man doch nicht eine von ihnen fragen, ob sie unecht sei. Das ist doch wie bei dem Lügnerparadox des Kreters.«

»Du meinst, einen Schweizer fragen, ob alle Schweizer lügen?«

Rex lachte. »Ja, ob sie nicht in Wirklichkeit verkappte Deutsche sind. Oder umgekehrt. Das war jedenfalls Rosis Problem. Sie hielt mich für unecht.«

»Sie hat dir deine Rolle als Schweizer nicht abgenommen?«

»Im Gegenteil! Den hat sie plötzlich für mein wahres Ich gehalten!«

Mir wurde kalt ums Herz. Ich wandelte offenbar auf ausgetretenen Pfaden. Diese Rosi war auf denselben Trip gegangen wie ich, dachte ich. Auch sie war von seiner Wärme und seinem Charme hingerissen gewesen. Sie hatte ihn unwiderstehlich gefunden und hatte sich bei Samuel im Heu ihm hingegeben. So plastisch konnte ich mir das vorstellen, daß ich gar nicht mehr daran denken wollte. Und ich hatte gedacht, daß ich jungfräulichen Boden betreten hätte! Ich hatte diesen geheimen, liebenswerten Schweizer, der in Rex eingeschachtelt war, für meine eigene Entdeckung gehalten! Doch offenbar war das eine bekannte Figur, ein Gastwirt, der jeder neuen Touristin die Hand und noch mehr reichte! The Swiss Lover! Hinter der Fassade des German Monster war der Swiss Lover!

»Und dann hat sie sich in den Schweizer verliebt!« Ich hatte das Gefühl, daß mir die Stimme wegblieb, so sehr war ich meinem eigenen Zustand nahegekommen. Irgendwie hatte mich die verdammte Rosi schwesterlich gestreift.

»Du machst wohl Witze. Nein!« empörte sich Rex. »Sie nahm mir den deutschen Intellektuellen nicht mehr

ab! Rosi war eine große Dekadente. Sie glaubte, der Geist entfalte sich erst in der absinthgeschwängerten Luft masturbatorischer Reflexionsexzesse. Ihr Ehrgeiz war es, einen Salon zu führen. Sie lechzte danach, über künstliche Paradiese zu präsidieren und den permanenten Fluß des Alkohols und der Konversation in Gang zu halten. Am liebsten waren ihr die abgehalfterten Poeten und die wahnsinnigen Revolutionäre, die apokalyptisch grinsten und ihre rothändlegeschwärzten Zähne zeigten und von der nahen Weltrevolution kündeten. Und für diese Aufführung hatte sie mich als Produzenten ins Auge gefaßt.« Rex machte eine Pause, abgelenkt von Erinnerungen. »Aber plötzlich hatte ich mich als rustikaler Trottel geoutet. Ein Bauerntölpel, mit einer Sprache so reich, daß man darin Erdäpfel ziehen konnte. Das Gegenteil von einem intellektuellen Akrobaten und einem Virtuosen der denkerischen Hochseilartistik.«

»Aber das ist doch...« Ich fing mich gerade noch, bevor ich »genau umgekehrt« sagen konnte.

»Absurd? Ja, natürlich war das Ganze absurd. Als Historikerin hätte Rosi das eigentlich besser wissen müssen. Diese Mennoniten sind alles andere als Bauerntrottel. Sie sind demokratisches Urgestein. Auf diesen Felsen ist die Kirche der westlichen Demokratie gebaut. Die freikirchlichen Gemeinschaften waren die ersten Revolutionäre. In den Revolutionen von England und Amerika haben sie die ersten demokratischen Staaten gegründet. Ihre unmittelbare Beziehung zu Gott hat ihren Stolz vor Fürstenthronen so unbeugsam gemacht. Ihr anti-institutioneller Instinkt war eine historische Kraft, von der Rosi keinen Schimmer hatte. Das hat der

alte Samuel meinem Onkel mal schlagend vor Augen geführt.«

»Hat er euch denn mal besucht im Ruhrgebiet?«

»Ja. Um seine Dankbarkeit für meine vierjährigen Ferien zu bekunden, hat mein Zechendirektor-Onkel den alten Samuel mit seiner Dorli zu uns eingeladen. Während dieses Besuches organisierte er für Samuel eine große Betriebsführung seiner Zeche. Begleitet von der gesamten Chefetage und dem Betriebsrat, fuhren wir auf die siebte Sohle, etwa 1200 Meter unter Tage ein. Das war für Samuel ein überwältigendes Erlebnis. Wenn er vorher schon die Technik für satanisch gehalten hatte, der Anblick der halbnackten Kumpel mit ihren geschwärzten Leibern und dämonisch funkelnden Grubenlichtern mußte ihn völlig davon überzeugen, daß er es mit einer Version der Hölle zu tun hatte. Am Ende der Führung versammelte sich alles, wie es der Brauch ist, in rußigen Klamotten zum westfälischen Frühstück um den großen Tisch des Festsaales. Man wollte schon zum Schinken und Steinhäger greifen, da stand Samuel Gerber auf, weil der Geist über ihn gekommen war. Obwohl er fast unter Schock stand, obwohl er noch nie im Ausland gewesen war, geschweige denn solch ein Werk gesehen hatte, obwohl ihn die Menge der Werksangehörigen, die er kaum verstand, äußerst einschüchterte, begann er zu ihnen zu sprechen. Und er forderte sie auf, das Werk sofort zu schließen. Er machte ihnen klar, daß es hieß, Gott herauszufordern, wenn man dem Leib der Erde die Kohle entrisse, die der Herr dort hingetan hatte, daß es eine Anmaßung bedeute, solch monströse Konstruktionen zu errichten, mit denen das technisch möglich sei,

und daß der Geist, der das inspirierte, von satanischer Natur sein müsse. Er fragte sie, ob sie schon jemals über den Sinn ihres Tuns nachgedacht hätten, ob sie in ihren Herzen Gott um die Erlaubnis gebeten hätten, die Ordnung der Natur so zu stören. Er flehte sie an, an ihr Seelenheil zu denken. Er erinnerte sie daran, daß es nichts hülfe, wenn sie die ganze Welt gewönnen und doch Schaden nähmen an ihrer Seele. Kurzum, er setzte sie solch einem Orkan biblischer Beredsamkeit aus, daß die ganze Führungsetage mit dem Betriebsrat in schuldbewußtes Schweigen verfiel.

Das lag nicht daran, daß sie auf Samuels Argumente auch nur das geringste gegeben hätten. Vielmehr fühlte jeder einzelne von ihnen, daß er solch einer Beredsamkeit nichts entgegenzusetzen hätte, daß im Vergleich zu diesem kosmischen Sturm der Worte jede Entgegnung kläglich ausfallen mußte. Einem jeden von ihnen war klar: sie hatten zum erstenmal einen Mann kennengelernt, der vor nichts Angst hatte, der mit sich selbst in völliger Übereinstimmung lebte und der in der Mitte der Wahrheit wohnte. Solch ein Mann würde auch dem Kaiser selbst widersprechen, wenn er das für richtig hielt. Solche Zivilcourage findest du unter tausend Deutschen nicht einmal. Meinem Onkel hat das mächtig Eindruck gemacht. ›Diese Mennoniten sind so etwas wie Amerikaner, wenn sie Deutsche wären‹, hat er gesagt.«

»So geschäftstüchtig?« fragte ich etwas hinterhältig. Rex sah mich mißtrauisch an. »So aufrecht demokratisch«, sagte er. »Aber die blöden Deutschen haben die richtigen Demokraten immer rausgeschmissen. Die frei-

kirchlichen Sekten, die Juden und sogar ganze Länder wie die Schweiz und Holland.«

»Also fühlst du dich eigentlich als Schweizer?« fragte ich heimtückisch.

»Ich bin ein Schweizer, wenn er ein Deutscher wäre.«

»Dann solltest du auch dazu stehen.« Ich ließ jetzt alle Hemmungen fallen.

»Tu ich doch!«

»In Deutschland redest du hochdeutsch.«

»Na ja, das ist eben die Landessprache dort.«

»Aber du bist ein Schweizer! Du solltest es auch zeigen!«

Er schaute mich verwundert an. Da versuchte ich es ins Spielerische zu ziehen. »Weißt du was, ich mache dir einen Vorschlag. Ich erlasse dir die Aufgabe, in Deutschland den Schweizer zu spielen, wenn...«, ich zögerte.

»Wenn was?«

»Es ist etwas albern.«

»Nun, heraus damit!«

»Wenn du immer, wenn wir uns treffen, schriftdeutsch mit Berner Akzent sprichst.«

Er lachte: »Gefällt es dir so gut?«

»Ich liebe es«, sagte ich wahrheitsgemäß.

Annäherung – oder: Wie melkt man eine Kuh?

In der Nacht, die darauf folgte, wurden wir ein Liebespaar. Es war praktisch unvermeidbar. Denn alles bis dahin war fast wie ein Vorspiel. Nachdem wir von unserem Spaziergang zurückgekommen waren, mußten wir die Vesper, das sogenannte Z'vieri, einnehmen. Die ganze Familie versammelte sich wieder um den Tisch,

und es gab selbstgebackenes, kräftiges Weißbrot – nicht dieses labbrige Brot, das man auf eine Faustvoll zusammenpressen kann –, sondern kräftiges, knuspriges Landbrot, dazu frische Butter. Ich wußte schon, auf schweizerisch hieß das Anke. Selbstgemachte Konfitüre, so würzig, wie ich sie noch nie gegessen hatte, und dazu den Honig der eigenen Bienenvölker. Zu trinken gab es Kaffee und schäumende Milch. Danach zeigte uns Lydia unser Zimmer. Vor diesem Moment war mir etwas bange gewesen. Ob Rex die ganze Fiktion auffliegen lassen würde? Oder ob die Täufer bemerkt hatten, daß wir keine Ringe trugen? Andererseits trugen Isaak und Lydia auch keine. Und bald sollte ich merken, warum: sie störten beim Melken. Schließlich behandelte Lydia die ganze Sache als so selbstverständlich, und Rex stellte den liebevoll-routinierten Ehemann mit Hilfe kleiner ehelicher, vertrauter Berührungen so überzeugend dar, daß mich alsbald wieder dieses behagliche Gefühl ausfüllte, den richtigen Platz im Leben gefunden zu haben.

Ich hatte zunächst gedacht, wir würden in einer der zahlreichen Kammern untergebracht, die man über eine Stiege im zweiten Stock erreichen konnte und die durch einen langen Gang vom Heuboden getrennt waren. Rex hatte angekündigt, von diesen Zimmern aus könne man hören, wie nachts die Katzen Wettrennen mit den Mäusen veranstalteten. Statt dessen führte uns Lydia von der Küche in die gute Stube. Diese bot einen erstaunlichen Anblick. Sie erinnerte, wenn auch nicht in ihren Dimensionen, von fern etwas an das Bernsteinzimmer. Das lag an dem eigenartigen Farbenspiel. Den Boden bedeckte ein bernsteinfarbener dunkler Linoleumbelag, der wun-

derbar abwaschbar sein mußte. Die Holzwände und die niedrige Kassettendecke waren in bernsteinfarbener Ölfarbe gestrichen. In der rechten Ecke stand ein Harmonium. An der Wand unter den Fenstern waren so viele Stühle aufgereiht, daß sie für ein Zimmertheater gereicht hätten. »Hier finden die Bibelstunden statt«, sagte Lydia. Auf der Linken aber ragte ein dreistufiger Ofen aus Stein bis an die Decke. Und obwohl es mitten im Sommer war, war er angewärmt. »Das kommt durch den Herd der Küche«, sagte Lydia, »es überträgt sich.« Rechts führte eine Tür zum Schlafzimmer des Meisterpaares – der alte Samuel und Dorli hatten ein separate Wohnung mit modernerer Küche auf der anderen Seite des Hauses – und links gegenüber dem Ofen führte eine Tür in das Zimmer, in dem ich meine zweite Nacht in der Schweiz nach dem Basler Morgestraich verbringen sollte. – Und das wieder mit Rex. Als wir eintraten, sahen wir, daß der große Ofen sich in unser Zimmer fortsetzte. Und vor dem Ofen, sozusagen in Verlängerung der zweiten Stufe, stand das Bett, das fast den ganzen Raum ausfüllte. Der Breite nach war es definitiv ein Ehebett. Aber auch seine Höhe war erstaunlich. Auf einem geologischen Schichtensystem von circa vier Matratzen türmten sich zwei oder drei wirklich dicke Federbetten, die mit ihren karierten Bezügen und den ebenfalls gedoppelten Kopfkissen fast den gesamten Luftraum bis zur Decke ausfüllten. Sofort stürzte Lydia sich auf diese Massen, zerrte sie auseinander, schlug auf sie ein und legte sie auf die Bettpfosten. »Die müssen etwas Luft haben«, sagte sie, und dann fuhr sie fort: »Aber reicht euch das? Es hat noch mehr Federbetten.« Und sie stürzte sich auf

eine Truhe, aus der sie noch weitere Federbetten gezogen hätte, wenn wir nicht beide protestiert hätten. Gut, das sah nach ehelichem Einverständnis aus. Und wir sahen uns lachend an. Dann verschwand Lydia plötzlich. Und nachdem wir unsere Koffer geöffnet hatten, erschien sie wieder mit einem grau-schwarzen Bauernkleid und einem Kopftuch für mich und einer Hose, Jacke und Hemd für Rex. »Das könnt ihr anlegen«, sagte sie und verschwand.

Ich sah Rex ratlos an: »Ist das wie bei den Amish? Herrscht hier Kostümzwang? Sind unsere Kleider irgendwie vorschriftswidrig? Ist mein Rock zu kurz?«

Rex hatte seelenruhig begonnen, die Kleider zu wechseln. Er bewegte sich überhaupt so zwanglos, daß meine Befangenheit dahinschwand, wenn ich ihn nur ansah. Und jetzt sah ich ihn in seinem Hemd und seinen Boxershorts, wie er sich die andere Hose anzog. Und was ich sah, gefiel mir nicht schlecht. Es mußte wunderbar sein, einen Mann, den man mochte, immer so um sich zu haben wie einen großen Ofen. All die Mühe wäre ein für allemal vorbei, die es machte, sich einen Mann auf Zeit zu suchen, nur um nach vierzehn Tagen festzustellen, daß er einen grundsätzlichen Webfehler hatte, und ihn wieder zurückzubringen und umzutauschen, um die ganze Prozedur von vorn zu beginnen.

»Nein, das ist die Arbeitskleidung, keine Tracht. Wir dürfen beim Melken helfen. Hast du schon mal gemolken?«

Ich fühlte, wie mir der Schrecken die Beine hochkroch. »Nein, ich kann nicht melken. Ich habe Angst vor Kühen. Sie haben Hörner, und sie sind so groß! Ich bin

gegen Milch allergisch. Es geht nicht! Ich habe noch nie in meinem Leben gemolken!«

Da kam Rex zu mir rüber, noch etwas unvollständig angezogen, nahm meine Hand, knabberte an meinen Fingern und sah mich an.

»Melken, das ist genau so etwas Natürliches wie saugen. Die Kuh denkt, du wärst ein Kalb. Sie mag dich.«

»Nein, Rex. Das tu ich nicht! Nicht heute! Morgen vielleicht. Aber nicht heute!«

Da nahm mich Rex in den Arm und küßte mich, bis mir die Luft ausging und mir die Knie weich wurden. Es war ein wundervoller Kuß. Er muß etwa eine Dreiviertelstunde gedauert haben. Seine Lippen waren viel weicher und beweglicher, als ich gedacht hatte. Nach dem ersten grundsätzlichen Begrüßungskuß, mit dem er mir mit seiner Zunge die Lippen öffnete, begann er die leidenschaftliche Explorations- und Kennenlernphase. Bis ich schließlich das Gefühl hatte, nur noch aus Mund zu bestehen, der sich mit einem anderen Mund paarte. Dann leitete er die raffinierte Beiß- und Knabberphase spielerischer Erkundungen mit Hintergedanken ein. Dabei verwandelte seine Zunge meinen Mund in eine Art Truppenübungsgelände, von dem aus ständige Feuergarben in mein Körperinneres abgefeuert wurden, bis ich in mir den Impuls spürte, meinen Bauch und meine Schenkel an seine Boxershorts zu drücken, und meine Knie nachzugeben drohten. Er mußte gespürt haben, daß ich schwerer wurde, denn plötzlich löste er seine Lippen von meinen, obwohl das vorher irgendwie unmöglich zu sein schien, und sagte:

»Melken ist natürlich nicht genauso. Genau genom-

men, macht man es mit den Händen. Aber es ist auch schön.« Damit fuhr er mir so geschickt und so sanft unter die Bluse und faßte mit der rechten Hand meine linke Brust, daß die Brustwarze sofort erigierte. Er streichelte sie und umkreiste sie mit seinen Fingern und drückte sie sacht nach innen, so daß mir elektrische Stromstöße direkt von der Brust in die Zone der inneren Schenkel schossen. »Nicht wahr, du wirst auch versuchen, zum Schein eine Kuh zu melken?« Und er drückte meine Brust. Ich nickte.

Wie sich herausstellte, war mir das Kleid etwas zu weit. Aber das Kopftuch stand mir gut. Als wir in den Stall gingen, herrschte plötzlich ein wimmeliges Leben. Vorne schlichen etwa sechs Katzen um eine große, glänzende Kanne, in die offensichtlich die gemolkene Milch gegossen werden sollte. In langer Reihe standen, unruhig stampfend, nebeneinander mit wedelnden Schwänzen circa zwanzig bis dreißig Kühe, alle blond, und hin und wieder eine rotbunte dazwischen. Ihre Köpfe hatten sie durch ein Futtergatter in die Futterkrippe gesteckt, wo sie Berge von frischem Heu vertilgten.

Der ganze Stall tönte wider vom Klingeln der Glocken. Dazwischen breitete sich als Geräuschhintergrund das Stöhnen der Leiber, das Kransch-Kransch, mit dem die Pferde jenseits des Futterganges ihr Heu zermalmten, und das gelegentliche Blöken eines Kalbes aus. Der Stall schien vor Leben zu bersten. Man fühlte sich wie ein Maulwurf, der aus der Erde kroch und feststellte, daß eine Armee über ihn hinwegmarschierte.

Plötzlich sah ich, wie Isaak unter einer Kuh hervorkam und einen schmalen Eimer voll überschäumender Milch

zu der Kanne brachte, wo wir immer noch standen. Er hängte ihn zunächst an eine Waage, die neben der Kanne an der Decke aufgehängt war, wog das Gewicht, schrieb mit Kreide eine Zahl auf eine Tafel und goß dann die schäumende Milch in die Kanne. Inzwischen hatte sich Rex zu meinem Entsetzen aus einer Halterung ein eigenartiges Gebilde gegriffen, das von fern an einen Kreisel erinnerte. Es hatte eine runde polierte Oberfläche, aus der ein spitzes Bein hervorragte. Mit einem Riemen, der aus der Oberfläche hervortrat, schnallte Rex es sich an den Hintern. Das Bein ragte dabei aus seinem Hintern hervor wie ein steifer Schwanz.

»Das ist ein Melkschemel«, sagte er. »Damit setzt du dich unter die Kuh.« Und er setzte sich mit dem spitzen Bein auf den Boden, so daß er mit ihm und seinen beiden Beinen eine Art Dreifuß bildete. Dann reichte mir Isaak auch einen Melkschemel, und ich hatte Mühe, ihn mir zugleich an den Hintern zu kleben und zu versuchen, die Riemen zusammenzukriegen. Isaak stellte seinen Eimer ab, griff die Riemen, versuchte sie zusammenzuziehen und lachte: »Ihr Füdle isch zu dickch«, sagte er zu Rex. Ich genierte mich. Tatsächlich hatte ich etwas zu ausladende Hüften. Aber daß ich dergestalt vermessen wurde ... Da rettete mich erneut Rex. Er nahm den Melkschemel, verlängerte ohne weiteres den Riemen, griff mir um die Hüften und schnallte mir den Melkschemel um. Dann schob er umstandslos seine beiden Hände zwischen die Sitzfläche und meine Hinterbacken, um zu prüfen, ob der Melkschemel festsaß, zog den Gurt noch einmal ein Loch enger und gab mir einen Eimer. Mit beim Gehen wackelnden Melkschemel-

schwänzen marschierten wir alle drei nach vorne, wo ein gleichmäßiges, rhythmisch wechselndes Geräusch davon kündete, daß hier zwei der Söhne mit langen stetigen Strahlen die Milch aus den Zitzen in den schäumenden Eimer beförderten. »Schauen Sie eine Weile zu«, sagte Isaak und schwang sich unter die nächste freie Kuh. Die darauffolgende war Rexens Kuh. Es war erstaunlich, wie sicher seine Bewegungen nach all der Zeit noch waren. Ohne Scheu hielt er sich beim Hinsetzen am Schenkel der Kuh fest, suchte mit seinem Melkschemel-Bein den sichersten Halt und stellte den Eimer in sicherer Reichweite von der Kuh ab, so daß kein Schmutz hineinfallen konnte.

»Erst mußt du sie vorbereiten, daß sie die Milch in das Euter schießen läßt«, sagte er. »Du mußt sie sozusagen animieren.« Und er ergriff die Zitzen und streichelte sie. »Das hat sie gerne. Man merkt es an dem Prallwerden der Zitzen.« Dann vollzog er das gleiche Ritual an dem hinteren Zitzenpaar. »Man nennt das rüsten«, sagt er. Dann griff er den Eimer, machte seine Schenkel auf und klemmte ihn dazwischen. Und nun begann er zu melken. Er nahm die beiden vorderen Zitzen zwischen den in die Handfläche abgeknickten Daumen und die zur Faust gebogenen Finger und drückte in der Auf- und Abbewegung die Milch in langen weißen Strahlen aus dem Euter, die so scharf gebündelt wirkten wie Laserlicht und auf dem Messingboden des Eimers ein singendes Geräusch verursachten. Allmählich, als der Spiegel der Milch im Eimer stieg, begann die Oberfläche zu schäumen. Und in den Schaum hinein stachen die Strahlen, da wo sie eintrafen, tiefe Löcher.

Als ich eine Weile zugesehen hatte, bekam ich Lust, es selbst zu versuchen. Als Rex es bemerkte, stand er auf und half mir, mich hinzusetzen. »Hauptsache, du fühlst dich im Sitzen nicht wackelig. Sitzt du so gut? Nein? Du mußt das Kreuz etwas durchdrücken und deinen süßen Hintern rausstellen, so, sonst kippst du nach hinten. Und jetzt rüste ein wenig. Durch die Pause hat sie die Milch etwas zurückgezogen.«

Mit einiger Scheu faßte ich die Zitzen an. Sie lagen groß und prall in meiner Hand. Ich schaute zu Rex hoch. Er nickte mir aufmunternd zu. »Animier' sie ein wenig, sie mag das.« Aber offenbar hatte ich etwas falsch gemacht. Zu meinem Schrecken stampfte sie plötzlich mit dem Hinterbein auf. Hätte Rex nicht hinter mir gestanden und mich aufgefangen, wäre ich ohne Zweifel hintenübergekippt. »Geiht's?« schrie Isaak unter seiner Kuh hervor. »Ja, ja, sie hat nur zu chalti Häng! – Reib' dir ein bißchen die Hände warm«, sagte er zu mir. Ich tat es und fuhr vorsichtig fort zu rüsten. Tatsächlich wurden die Zitzen noch härter und praller. Es war ein angenehmes Gefühl, solch magische Hände zu haben, Zauberhände. Dann beugte sich Rex über mich, nahm meine Hände in seine, faltete sie zur daumeneingelegten Faust, und so wie man einem Kind beim Essen Messer und Gabel führt, indem man seine kleinen Hände umfaßt, molk Rex mit mir die Milch aus der Kuh. Nach einer Weile ließ er mich allein weitermachen. Und siehe da, ich zog aus den Zitzen einen spärlichen, aber scharfen Strahl Milch, der ein sichtbares Loch in den Schaum in meinem Eimer bohrte, und dann noch einen und noch einen und noch einen und noch einen und noch zwanzig

und noch dreißig und vierzig und schließlich, als ich von meinem voller werdenden Eimer aufblickte, standen da Isaak und Jakob und Ulrich und Daniel und Rex und lächelten. Und als mein Blick den ihren traf, klatschten sie: Ich konnte melken. Ich hatte einen ganzen Eimer voll Milch aus diesem Körper herausgequetscht, herausgelockt, herausgekitzelt und herausgedrückt. Ich konnte diesen Hof übernehmen. Rex konnte mich sofort heiraten und diesen oder einen anderen Hof übernehmen. Das Kopftuch hatte ich ja schon und melken, ja, das konnte ich, daß sich die Balken bogen.

Die lange Nacht

Wie soll man etwas schildern, das zugleich so selbstverständlich und so außergewöhnlich ist? Es muß gegen halb elf gewesen sein, jedenfalls war es dunkel. Die Geräusche von scheppernden Milchkannen, die aus der Käserei gegenüber gedrungen waren, hatten aufgehört. Lydia und Isaak hatten uns gute Nacht gewünscht. »Schlafet de wol miteinand«, hatte Lydia gesagt und mir damit einen kleinen Schock versetzt. Rex hatte gelacht und gesagt: »Das ist ein Befehl.« Ich war also einigermaßen verunsichert, als ich die dunkle Kammer betrat. Rex ging sofort zum Fenster und schloß die Läden. Dadurch wurde es vollends finster. Man sah die Hand vor Augen nicht mehr. »Wo ist das Bad?« fragte ich. Aus der Ecke, in der das Bett stand, flüsterte Rex' Stimme: »Hier gibt's kein Bad.«

»Soll ich etwa so dreckig ins Bett kommen? Ich rieche ja noch nach Kuh!«

Da fühlte ich mich plötzlich gepackt, hochgehoben und

sanft ins Bett gelegt. Es war eine unsichtbare Gestalt, die sich nun ans Werk machte, ein Phantom, das ich nur an den Berührungen spürte. Offenbar schien Rex im Dunkeln sehen zu können. Zuerst zog er mir die Socken aus. Dann arbeiteten sich zwei Hände langsam an meinen Beinen hoch – ich lag wie starr und genoß die Schauer, die mir bei diesem unaufhaltsamen Progreß durch den Körper rieselten –, langsam wie das Schicksal arbeiteten sich die Hände vor und glitten unter das Kleid. Immer näher kamen sie der sensiblen Zone zwischen den Schenkeln. Schließlich griffen sie den Slip und zogen ihn mir langsam aus. Dann verwandelten sich die Berührungen in ein Ballett von Fingerspitzen, das in immer enger werdenden Kreisen über meine Schenkel, meine Leisten und meinen Bauch um meinen Schoß einen Tanz vollführte, ohne ihn jedoch zu berühren. Plötzlich knöpften dieselben Finger mein Kleid auf und lösten dann geschickt die Halterung meines Büstenhalters zwischen den Körbchen. Ich spürte die Nachtluft an meiner Haut. Und dann etwas wie ein tanzendes Irrlicht, wie ein Flämmchen, heiß und feucht. Es war Rexens Zunge, die eigenartige Linien auf meinem ausgebreiteten Körper zog. »Was machst du da?« »Ich zeichne die Landkarte der Schweiz auf deinen Körper«, antwortete es aus dem Dunkeln. »Hier ist die Jungfrau«, und er küßte die linke Brust. »Und hier das Matterhorn«; und dann küßte er die rechte. Dann umkreiste er mit seinen Fingern meine Brustwarzen und drückte sie in die weiche Brust, daß feurige Stromstöße durch den Leib in die unteren Regionen schossen. »Und hier ist der Gotthard-Tunnel«, und damit spürte ich, wie die dunkle Präsenz zwischen meine Beine glitt, und ich streckte ihr

meinen Schoß entgegen, und ich spürte, wie ihre Zunge über die Schamlippen glitt und sie zum Schwellen brachte, und wie sie sie teilte und hineinschlüpfte in den Gotthard-Tunnel wie eine Maus und dort rumorte und zuckte, daß mir der Atem stockte.

Und plötzlich wurden meine Hände gefaßt, und mein Oberkörper wurde in die Höhe gezogen, so daß ich aufrecht saß, und ich spürte, wie das Rex-Phantom hinter mich glitt, meine Brüste umfaßte und mich im Rückwärtsfallen mit sich nahm, so daß er nun unter mir lag und ich rücklings auf ihm. Und ich faltete mich weit auseinander und spürte, wie der Zug in den Gotthard einfuhr, und es bebte die ganze Schweiz.

»Und jetzt beginnen wir den Aufstieg auf das Jungfrau-Joch«, sagte er. Tatsächlich begann er schwerer zu atmen. Die Luft, die langsam und tief in seinen Körper hineinströmte, ließ mich auf einer sanften Dünung hinauf- und hinuntergleiten, auf und ab. Sein Atem fächelte meine Schulter und kühlte meinen Nacken. Ganz allmählich gerieten wir in den gleichen Trittrhythmus. Unser Atem beschleunigte sich, unsere Körper bewegten sich selbständig, je höher wir stiegen. Seiner suchte meinen, ich drängte mich an seinen. Beide Körper bäumten sich auf und spreizten sich, stiegen und fanden sich, mühelos. Schließlich der Gipfel. Als wir ihn erreicht hatten, sanken wir ineinander. Und die Glocken läuteten, die Alphörner bliesen, die Sennen jodelten, und Rex bäumte sich auf und rief: »Heil dir, Helvetia!«

Ich muß wohl die Augen geschlossen haben, denn als ich sie wieder aufmachte, zuckte ich zusammen und setzte mich auf.

»Was ist?«

»Sieh nur, da, sieh, am Fenster!« Ein Laden hatte sich einen Spalt breit geöffnet, und neben dem Spalt glühten zwei Lichtpunkte im Dunkeln.

Rex schmiegte seine Brust an meinen Rücken und umarmte mich: »Das ist nur eine Katze.«

»Eine Katze? Ob sie uns die ganze Zeit zugesehen hat?«

»Na, sicher hat sie das! Siehst du nicht die leuchtenden Augen, die sie davon gekriegt hat?«

Ich mußte kichern. Plötzlich, als ob sie verstanden hätte, was wir da flüsterten, kniff sie ein Auge zu. Ja, sie hat mir tatsächlich zugeblinzelt. Ich habe es genau gesehen. Es war wirklich nur ein Auge, das sie zukniff. Dann ein gleitender Schatten im Fenster, und sie war weg.

Es mußte tief in der Nacht sein. Das Haus knackte und ächzte in der Stille. Ich lehnte mich an Rexens Brust. »Haben wir wohl großen Lärm gemacht?«

»Hier gibt es immer wieder Erdstöße.« Er ließ meine Brüste in seiner Hand schwerer und schwerer werden. »Komm, es wird Zeit für den Abstieg. In den Bergen ist das Wetter unberechenbar.«

Und so begannen wir den Abstieg in unsere gemeinsame private Schweiz.

Auf den Spuren des Jürg Jenatsch: Durch Graubünden zum Julier-Pass (Fortsetzung)

Wo war ich stehengeblieben, bevor Hermia mich unterbrochen hat? Ach ja, auf dem Julier-Pass. Sie erinnern sich: Die Geschichte von Jürg Jenatsch hatte mich dahin geführt. Es war, als ob ich etwas gesucht hätte. Aber ich wußte nicht, was. Hermia jedenfalls war es nicht. Denn mit ihr hatte ich mich verkracht.

Kaum waren wir nach jenem Ausflug in den Jura wieder in Deutschland, wurde sie ausgesprochen zänkisch. Ich machte ihr nichts recht. Sie schien mich einfach nicht mehr zu mögen. Dabei war ich drauf und dran gewesen, ihr einen Antrag zu machen. Aber nach unserer Rückkehr nach Hamburg war daran gar nicht mehr zu denken. Ihr Verhalten war mir ein Rätsel. Kaum hatten wir bei Basel die Grenze überquert, war sie wie verwandelt. Erst nörgelte sie, ich solle weiter Schwyzerdütsch sprechen. Natürlich fand ich das absurd. Es stimmt, ich hatte es ihr versprochen, aber ich hatte diese Bitte von ihr für einen Witz gehalten, der Stimmung der Stunde geschuldet, eine flüchtige Laune, nicht ernstzunehmen. Und dann, als ich das rundweg ablehnte und, vielleicht etwas schneidend, sie für sentimental erklärte, war sie eingeschnappt. Nun, jetzt weiß ich ja, warum.

Aber ich habe noch immer Mühe, ihre Version der Geschichte zu glauben. Ich hatte nie die leiseste Ahnung,

daß ich mich als »Schweizer« so sehr veränderte. Dabei hätte ich das besser wissen müssen als jeder andere. Und jetzt überlege ich mir, ob ich ihr den Grund dafür verraten soll. Doch ich sollte vielleicht von Anfang an erzählen, oder, wie Horaz sagt: »Ab ovo.«

Es war wirklich merkwürdig. Auf den Spuren von Jürg Jenatsch war ich also auf dem Julier-Pass gelandet. Das war ein Jahr nach unserem Ausflug zu meinen Täufern gewesen. Ich hatte mich neben einen der römischen Säulenstümpfe auf einen Stein gesetzt und wie der junge Waser in Meyers Geschichte angestrengt auf die Felstrümmer rechts vom Wege gestarrt, hinter denen sich damals der Rastplatz der Reisegesellschaft befunden haben mußte. Da hatte der Herr Pompeius Planta mit seinem Diener und seiner Tochter Lukretia in der Mittagshitze vom Aufstieg ausgeruht:

»Neben einem aus dunklen Augen blickenden, kaum dem Kindsalter entwachsenen Mädchen, das im Schatten eines Felsens auf hingebreiteten Teppichen saß, stand ein stattlicher Kavalier... Am Rande des Sees grasten die des Sattels und Zaumes entledigten Rosse der drei Reisenden. Der Zürcher ging, die Gruppe scharf ins Auge fassend, mit immer gewisseren Schritten auf den bündnerischen Herrn zu, während ein mutwilliges Lachen die Züge des blassen Mädchens plötzlich erhellte.«

Was soll ich sagen? Ich ging, den Roman in der Hand, den Hang hinunter zu den Felstrümmern. Hinter einem der Felsen, im Grase, saß sie, ja, Hermia, sie saß da und las versunken in einem Buch.

Wie wir uns da begegneten, oben auf dem Julier-Pass, jeder von uns ein Buch in der Hand, kam ich mir wieder

wie auf der Bühne vor, wo zwei Schauspieler ihre Rollen proben.

Und so las ich: »*Euer Diener, Frau Lukretia...*«

Ich weiß, es klingt einfach unwahrschcinlich, aber sie sah auf, lächelte, schaute in ihr Buch und las: »*Der Eurige, Herr Waser. Scheut Euch nicht, den Namen Lukretia Planta zwischen diesen Bergen herzhaft auszusprechen.*«

Auch sie hatte also Meyers Jürg Jenatsch als Reiseführer benutzt. Die Übereinstimmung und dieses zufällige Zusammentreffen hoch oben auf den Höhen des Julier-Passes war so phantastisch und so literarisch unwirklich, daß es uns sofort in eine eigenartige Zauberstimmung versetzte. Am selben Tag noch fuhren wir über Chur, Landquart und Vaduz zurück ins Toggenburgische. Hermia hatte sich dort, unterhalb der Churfirsten, eine Hütte gemietet. Als wir oben ankamen, sahen wir auf der anderen Seite den klotzigen Gipfel des Säntis in der Nachmittagssonne liegen. Die Hütte stand auf der ersten Stufe der Almen. Von hier aus überblickte man das ganze Tal der Thur, das langsam weit unter uns im Schatten versank. Als sich die Sonne weiter auf ihrer Fallinie nach Norden auf den Horizont zusenkte, streiften ihre Strahlen die Zacken der Churfirsten, die aufleuchteten wie die Lampen bei einer bengalischen Illumination. Hermia hatte die Hütte gemietet, weil sie einen Artikel über Ulrich Bräker, den armen Mann im Tockenburg, schreiben wollte.

»Er hat unten in Wattwil gelebt«, sagte sie. »Ich hab' mir das Thema deinetwegen ausgesucht. Kennst du den Bräker? Den schreibenden Soldaten aus dem 18. Jahrhundert? Nicht? Und du willst ein Shakespeare-Experte

sein? Er hat nämlich auch über Shakespeare geschrieben, so wie du.«

»Das haben viele.«

»Ja, aber sie sind nicht als Hirtenknaben ohne Schulbildung aufgewachsen. Das hast du mit Bräker gemeinsam. Er wurde dann so etwas wie ein Autodidakt. Erst ließ er sich von preußischen Anwerbern in die Armee pressen, dann ist er desertiert und hat seine Autobiographie geschrieben, ›Der arme Mann im Tockenburg‹, ein Dokument der Zeitgeschichte. Als er sich dann bei Wattwil als Kleinbauer und Weber niederließ, entdeckte ihn die Zürcher Bildungssociety und glamorisierte ihn als eine Art von edlem Wilden.«

»Ach, das bin ich also für dich, ein edler Wilder?«

Sie sah mich an, blickte dann wieder in die Ferne, wo die Strahlen der sinkenden Sonne nur noch die Spitzen der Felszacken beleuchteten, während der Rest in einer dunkler werdenden Glut versank, und schwieg eine Weile.

Na, und dann erzählte sie mir, wie sie mich erlebt hatte: als einen Menschen mit gespaltener Persönlichkeit. als Schweizer liebenswert und warmherzig, als Deutscher kalt und höhnisch und so weiter. Einmal ein Scheusal, das andere mal ein Mann, wie geschaffen, eine Frau glücklich zu machen. Und sie habe den einen in demselben Maße hassen gelernt, wie sie den anderen liebte. Warum? Ja, weil das Scheusal ihr den Geliebten wieder weggenommen hatte, kaum daß wir die Grenze nach Deutschland überschritten hätten. Wie ich schon gesagt habe, ich war wie vor den Kopf geschlagen. Ich war wirklich vernagelt gewesen. Nachträglich erscheint

es mir unglaublich, wie blind man sein kann. Und wie nah einer Einsicht man sein kann, ohne den letzten Schritt zu tun. Der Durchbruch kam erst, als ich sie über meine eigentlichen Absichten bei unserem Mennonitenbesuch aufklärte.

Sie sah mich an. »Eigentliche Absichten?« fragte sie mißtrauisch. »Du hast damit irgendwelche Absichten verfolgt?«

»Laß dir erklären!« Aber ich wußte selbst nicht, wie ich beginnen sollte. »Am liebsten möchte ich mit den Bienen und Schmetterlingen beginnen«, fuhr ich fort.

»Redest du etwa von Sex?«

»Ja, von der Erotik junger Knaben. Es gibt nichts Wilderes und Beunruhigenderes. Die Frauen, die man dann begehrt, und man begehrt sie fast alle, prägen einen fürs Leben.«

Sie wandte sich mir zu: »Also, du hast diese Mennonitenmädchen begehrt! Schämst du dich nicht, du geiler Bock, hinter den frommen Mädchen herzugieren?«

»Nein. Ich habe damals mit Gott einen Deal gemacht. Weißt du, ich habe mich in den Bibelstunden und Gottesdiensten oft schrecklich gelangweilt. Da habe ich gedacht, Gott muß sich auch langweilen. Immer dieselben Gebete, dieselben Texte, dieselben Formeln. Und so hab' ich ihm angeboten, einfallsreichere Gebete zu erfinden, abwechslungsreichere Geschichten zu erzählen und generell etwas Unterhaltung ins Spiel zu bringen. Und für dieses Entertainment erkaufte ich mir Zeit, in der ich mich straflos unzüchtigen Phantasien hingeben konnte. Phantasien, in denen die Mennonitenmädchen und ich die Hauptrollen spielten.«

»Schwein!«

»Wieso? Gott hat schließlich den Deal mitgemacht. Straflose schweinische Phantasien gegen unterhaltsame Gebete. Das muß mich irgendwie geprägt haben, denn später, als ich erwachsen war, habe ich ernsthaft überlegt, ob ich mir eine Frau aus dem Jura holen sollte. Ich war von dem Szenario der Brautschau besessen. Habe ich dir erzählt, wie die das früher gemacht haben?«

»Nein.«

»Also, du hast ja gesehen, es gibt nicht viele Familien da oben, nur ein paar große Clans. Da ist das Problem der Inzucht nicht weit. Denn außerhalb der Glaubensgemeinschaft zu heiraten, kommt nicht in Frage. Und in den Zwischenkriegsgenerationen gab es einen riesigen Überschuß von Männern. Wo also Frauen herbekommen? Sie mußten sich also aus anderen Täufergegenden Frauen holen, aus dem Langenthal, aus dem Berner Oberland, aus dem Thurgau und so weiter. Wie aber die Mädchen kennenlernen? Dazu gab's keine Zeit und keine Gelegenheit. Also haben sich die jungen Männer als Scherenschleifer verkleidet und sind auf diese Weise in die Küchen vorgedrungen. Dort haben sie sich so danebenbenommen und so einen Aufstand verursacht, daß sie an der Reaktion derjenigen, auf die sie ein Auge geworfen hatten, das Temperament ablesen konnten. Und je nachdem trugen sie auf ihre Skala ›lieb und sanft‹ oder ›hat Haare auf den Zähnen‹ ein. Und wenn sie endlich eine gefunden hatten, die ihnen gefiel, gingen sie heim und kehrten nach ein paar Tagen vierspännig in einer Kutsche zurück, im besten Staat, und hielten um die Hand an. So hat der alte Samuel auch das Dorli gefreit.«

»Das muß aber für die Betreffende eine schöne Überraschung gewesen sein. Haben die nicht schließlich alle Scherenschleifer mit Mißtrauen beäugt?«

»Der nächste kam eben als Kesselflicker.«

»Und das wolltest du auch machen?«

»Nein, ich wollte gleich vierspännig vorfahren. Das Ganze war sowieso eine Schnapsidee. Bei Licht betrachtet schien sie mir ganz unmöglich. Hätte ich so ein Mädchen aus ihrem Milieu in die äscherne Gesellschaft einer deutschen Universität entführt, wäre sie an Übersäuerung zugrundegegangen. Das ging nicht. Aber dann kam ich auf den Gedanken, das Ganze umzudrehen.«

»Wie meinst du das, umdrehen?«

»Na, ich habe dir doch von Rosi erzählt.«

»Der Salonkönigin?«

»Ja. Ich habe sie zu den Täufern geschleift, um zu sehen, ob sie mit dieser anderen Welt zurechtkam. Ob sie sich anpassen konnte, ob sie in Panik geriet. Wie sie die Fremdheit verarbeitete. Ob sie in hochmütiger Abwehr erstarrte. Ob sie sich darüber erhaben dünkte. Und auch, wie sie von den Täufern beurteilt wurde.«

»Also ein Test!«

»Ja, ein Test.«

»Wie im Märchen.«

»Wenn du so willst. Oder wie bei den Messerschleifern.«

»Und Rosi ist durchgefallen?«

»Und sie war nicht die einzige.«

»Sag bloß, du hast... Wie viele hast du denn getestet?«

»Mit dir... fünf.«

Sie sah mich mit Augen so groß wie Salatschüsseln an.

»Mit mir... Willst du etwa sagen, unser Besuch im Jura sei auch ein Test gewesen?« Sie schien einen Anlauf zu nehmen, um wütend zu werden.

»Ja. Und erst jetzt wird mir klar, daß ich das gleiche gemacht habe wie du.«

Sie hielt in ihrem Anlauf inne und sah mich fragend an. Ich fuhr fort: »Du hast den Schweizer in mir gesucht, und ich habe dich auf Schweiztauglichkeit prüfen wollen. Das ist doch sehr ähnlich.«

Hermia setzte erneut zum Anlauf an: »Du hinterhältiger, machiavellistischer... Du hast... Und ich habe geglaubt, daß... Die ganze Sache war nur ein Test... So etwas Abgefeimtes, wirklich Widerliches...«

»Aber du hast doch bestanden!«

Das wirkte wie eine Wunderdroge.

»Ich habe bestanden...?«

»Ja, sicher, summa cum laude! Du warst großartig. Alle haben dich geliebt.«

»Ich habe den Test bestanden?«

»Aber sicher!«

»Ja, und warum hast du mir keinen Antrag gemacht?«

»Es war unmöglich. In der Schweiz galten wir ja schon als verheiratet. Und wie hätte das gewirkt, wenn ein Ehemann seiner Frau einen Heiratsantrag gemacht hätte!? Und in Deutschland, ja, da warst du so abweisend, daß ich es nicht mehr für ratsam hielt. Du schienst wie verwandelt.«

»Du warst es, der wie verwandelt war!«

»Du aber auch!«

»Bist du sicher, daß ich nicht nur auf dich reagiert habe?«

105

»Umgekehrt! Ich habe auf dich reagiert!«

Wir schwiegen eine Weile. Es war offensichtlich, daß wir diesen Dialog noch ein paar Wochen so hätten weiterführen können. Schließlich schien es mir an der Zeit, eine positive Note anzuschlagen.

»Du warst umwerfend attraktiv«, sagte ich.

Sie lächelte: »Und du warst ein himmlischer Liebhaber!«

Nach einer Weile fügte sie hinzu: »Aber das mit dem Test ist schon ein starkes Stück. Ich weiß nicht, ob ich dir das je verzeihen kann.«

»Aber das mußt du! Denn dadurch habe ich erst begriffen, was du meinst, wenn du von dem ›Schweizer in mir‹ sprichst. Der Test hat in dir die Täuferin freigelegt. Du bist dann ganz anders, als wenn du mir Vorhaltungen machst, daß ich ein unsympathischer Deutscher sei. Du bist dann nicht mehr, wie soll ich sagen... so deutsch! Du wirkst dann großzügig und warmherzig, so als ob du mir sogar verzeihen könntest, daß ich ein Deutscher bin.«

Die Sonne war inzwischen im Westen untergegangen, und die ersten Sterne waren am dunkelblauen Himmel hervorgetreten. Hier oben wurde der Blick in den Himmel von keinem Licht gestört. Und allmählich entfaltete sich ein in tausend Leuchtpunkten blitzender Weltraum, in den sich langsam aus dem südwestlichen Horizont die Milchglasscheibe des Mondes schob.

»Schön ist es in der Schweiz«, sagte Hermia.

»Ich hab' mal oben auf dem Chasseral in einer Gaststätte gesessen, weißt du, in so einem offenen Biergarten. Man sah von dort das gesamte Alpenpanorama vom Mont Blanc bis zum Säntis. Und am Nebentisch saßen zwei

ältere Schweizer. Die sagten ein ums andre Mal: ›Schön ist es hier.‹ ›Hier ist es schön!‹ ›Also, das isch jetzt schön!‹ Verstehst du, sie variierten den Satz auf subtile Weise, brachten immer neue Nuancen zur Geltung, so daß sie sich in drei Viertelstunden nicht einmal wiederholten. Ich hab's gestoppt...«

Hermia antwortete nicht, und wieder versanken wir in der schweigenden Betrachtung des Weltraums.

»Wenn ich den Test bestanden habe, warum machst du mir jetzt keinen Antrag?«

»Könntest du mich denn auch als Deutschen ertragen?«

»Wenn ich meine Schweizer Seite rauskehre, schon. Und du? Kannst du meine Meckerei ertragen, daß du zu ironisch und kalt bist?«

»Wenn ich schweizerdeutsch spreche, schon.«

»Aber dann mecker ich ja auch nicht!«

»Eben.«

Pause.

»Das war jetzt ironisch.«

»Was ich wissen will, ist, ob das jetzt ein Antrag war.«

»Nimmst du ihn an?«

»Unter einer Bedingung.«

»Wie lautet sie?«

»Wir fahren immer, wenn ich es will, in die Schweiz.«

Hermias Geheimnis

Diese Bedingung hat er erfüllt. Es war aber auch nicht schwer. Wir brauchten gar nicht mehr so oft zu fahren. Ein Besuch im Schweizer Restaurant wirkte schon Wunder. Hellte jede Krise auf. Wurde einer von uns unleidlich, machte ich einfach ein paar Rösti mit Servela. Oder Zürcher Geschnetzeltes. Und unser Schweizer Bekanntenkreis tat ein übriges. Natürlich fahren wir jedes Jahr ein paarmal in die Schweiz, schon allein, um die alte Leidenschaft wieder anzufachen.

Was er natürlich nie erfahren darf, ist, daß ich vor der Bekanntschaft mit Rex in der Psychoanalyse war. Mein Analytiker war Schweizer, und zur Übertragung kam eine Gegenübertragung. Es wurde richtig vertrackt. Da bin ich einfach ausgerissen. Ich hab' die Analyse abgebrochen. Das war kurz bevor ich Rex traf. Als ich ihn dann kennenlernte, im Theater-Workshop der Freiburger Uni, war ich schwer angeschlagen. Ich suchte den Schweizer in jedem Manne. Ich konnte ja nicht ahnen, daß ich ihn in Rex wirklich finden würde. Neulich habe ich den Analytiker wiedergetroffen. Wissen Sie, was er gesagt hat? Die Schweiz gebe es gar nicht. Sie sei eine Utopie, ein Wunsch. Die Schweizer selbst würden sie gar nicht kennen. Für sie sei sie ja wirklich. Nur die Deutschen könnten ihr wahres Wesen erfassen. Darüber habe ich lange nachdenken müssen. Ich glaube, er hat recht. Und er muß es ja wissen, denn er ist Schweizer. Meine große Liebe, die ich in Rex wiedergefunden habe.

Fernseh-Interview des Kulturkanals Alpha des Bayerischen Rundfunks mit Hermia und Rex

MODERATOR: Willkommen, liebe Zuschauer, auf dem Kulturkanal des Bayerischen Rundfunks. Zu den eher seltenen, aber um so erfreulicheren Fällen des Kulturbetriebs gehört es, wenn ein Ehepaar zusammenarbeitet. Ein solches Ehepaar sitzt heute hier vor mir. Frau Sonnenfeldt hat Literatur studiert und sich dann durch die Arbeit als Journalistin bei verschiedenen Zeitungen und Rundfunkstationen einen Namen gemacht. Dr. Sonnenfeldt war Hochschullehrer in Deutschland und den USA und arbeitet nun als freier Autor. Ihren Durchbruch aber erzielten sie erst, seitdem sie zusammenarbeiteten. Dabei haben sie nämlich ein neues Genre geschaffen, das kulturphysiognomische Landschaftsporträt...

REX: (hustet).

HERMIA: (lacht).

MODERATOR: ...So hat es ein bekannter Kritiker genannt.

REX: Das ist viel zu hochgestochen.

HERMIA: Damit erschreckt man ja die Leute.

MODERATOR: Tatsache aber ist doch, daß Ihr kulturgeschichtlicher Reiseführer der Westschweiz, erschienen unter dem Titel ›Jean Jacques oder Die Erfindung der Landschaft‹ zu einem spürbaren Zuwachs des Tourismus in der Region des Genfer Sees geführt hat.

REX: Das weiß man doch nicht, ob das der Grund war...

MODERATOR: Aber nun habe ich gehört, daß die Stadt Münster, der Kanton Glarus in der Schweiz und der Wirtschaftsverband Ruhrgebiet in Nordrhein-Westfalen sowie das Land Sachsen-Anhalt auch solche Porträts bei Ihnen bestellt haben. Bin ich da richtig informiert?

HERMIA: Nicht Sachsen-Anhalt, sondern Brandenburg. Aber sonst stimmt es.

MODERATOR: Das kann doch nur an dem außerordentlichen Erfolg Ihres Buches liegen. Wie sind Sie denn darauf gekommen? Haben Sie sich an einem Vorbild orientiert?

HERMIA: Na, als ich in Hamburg studierte, da hatten wir diesen Prof, der hatte diese Idee zu einem Projekt-Seminar, bei dem wir einen literarischen Reiseführer von Hamburg schreiben sollten.

MODERATOR: Keine schlechte Idee, wie ich finde.

HERMIA: Nein. Aber der Fachbereich hat es ihm verboten.

MODERATOR: Direkt verboten? Und mit welcher Begründung?

HERMIA: Er hatte sich die Kooperation mit einem Reiseführerverlag gesichert, der das Ergebnis unserer Arbeit eventuell veröffentlichen sollte. Da haben die Stalinisten im Fachbereich argumentiert, wir lieferten uns dem Großkapital aus, weil der Verlag zu einem großen Medienkonzern gehörte.

REX: Und weil meine Frau etwas für den Prof übrig hatte, hat sie wie ein Löwe für das Projektseminar gekämpft...

HERMIA: Wie eine Löwin...

REX: Und, als es scheiterte, mit mir zusammen doch noch realisiert.

HERMIA: Wie alle Männer huldigt mein Mann dem Wahn, eine Frau könne nichts tun, ohne daß ein Mann dahinterstecke. Er selbst hat natürlich nur sachliche Gründe.

MODERATOR: Und die wären?

HERMIA: Er hat an der Wesleyan University Carl Schorske gehört.

MODERATOR: Können Sie unseren Zuschauern erklären, wer das ist?

REX: Schorske ist der Autor des Buches ›Fin-de-Siècle Vienna‹ von 1980, das damals Furore machte. Da hat er das Wien der Jahrhundertwende, das Wien Freuds und des logischen Positivismus und das Wien der Wiener Sezession und auch das Wien Hitlers nicht nur als eine Stadt, sondern als einen geistigen Zustand dargestellt, als eine Art Labor der modernen Welt.

HERMIA: Mein Mann nennt das das »Schorske-Paradigma«.

REX: Ich bitte dich, Hermia, das Schorske-Paradigma ist etwas anderes. Damit meint man Schorskes These, die moderne Ästhetik sei ein Ersatz für die Politik, die eine marginalisierte, liberale Bourgeoisie aufgegeben habe. Außerdem habe ich nicht Schorske in Amerika gehört, sondern Scott Spector.

MODERATOR: Können Sie vielleicht...

REX: Was Schorske für Wien getan hat, das hat Spector für Prag getan. Der genaue Titel seines Buches heißt ›Prague Territories. National Conflict and Cultural Inno-

111

vation in Franz Kafka's Fin-de-Siècle‹, California University Press. Falls Ihre Zuschauer mitschreiben wollen.

MODERATOR: Unsere Zuschauer schreiben nicht mit.

HERMIA: Er glaubt, wenn er doziert, wäre er in einem Hörsaal.

REX: Als ich Scott hörte, lernte ich in seiner Klasse Lionel Gossman kennen, der gerade das Buch herausgebracht hatte ›Basel in the Age of Burckhardt‹.

MODERATOR: Womit wir beim Thema wären: Die Schweiz. In Ihrem Buch behaupten Sie, die Schweiz gebe es nicht, sie sei vielmehr erfunden worden. Wie soll man das verstehen?

HERMIA: Jedes Land ist vor allem die Idee, die es von sich selber hat. Nun, zur Vorstellung von der Schweiz gehört die heroische Landschaft: die schroffen Alpen, die eisigen Gletscher, die steilen Felsen, aber natürlich auch die sanften Matten und die weinbestandenen sonnigen Hänge der Westschweiz rund um den Genfer See.

REX: Ja, und das ist die Landschaft, in der jemand als Hippie herumgezogen ist, der zu seiner Zeit der meistgelesene Autor Europas war.

MODERATOR: Sie meinen Jean-Jacques Rousseau?

HERMIA: Ja. Er stammt aus Genf. Sein Geburtshaus steht noch. Er war der Sohn eines Uhrmachers, wie es sich für einen Schweizer gehört.

MODERATOR: Vielleicht können wir seine Biographie etwas raffen ...

HERMIA (lacht): Keine Angst. Ich wollte nicht sein ganzes Leben erzählen, obwohl es eigentlich interessant

genug wäre. Tatsache ist, daß die moderne Schweiz, die Schweiz der Touristen und der Bergsteiger, der Alpenwanderer und der Abenteuerurlauber, ihre Geburtsstunde auf das Jahr 1761 datieren kann. Da erscheint nämlich Rousseaus Roman ›Julie oder die neue Heloise. Briefe zweier Liebender‹. Das Buch überrollt Europa und zwar aufgrund von Landschaftsbeschreibungen von einer bis dahin ungeahnten Intensität und Leidenschaftlichkeit ...

REX: Rousseau macht die Landschaft zum Resonanzraum seiner Gefühlswallungen. Das ist die Pointe.

HERMIA: Mein Mann kann Rousseau nicht leiden.

REX: Rousseau war einer der launischsten Exhibitionisten, die jemals gelebt haben. Niemand konnte ihn je leiden, der ihn gekannt hatte.

HERMIA: Frauen schon.

REX: Ja, Frauen. Die lieben solche Typen, die sich seelisch völlig entblößen.

HERMIA: Auf jeden Fall liebten ihn auch seine Leser. Der Verleger konnte gar nicht so viele Bücher drucken, wie verlangt wurden. Eine Auflage folgte der anderen. Die Leser standen bei der Auslieferung Schlange vor den Buchläden. Wer ein Exemplar hatte, konnte es für Geld vermieten. Hunderte von entzückten Leserinnen trugen Rousseau ihre Liebe an. Und alle schwelgten in der Verschmelzung von Landschaftsbeschreibungen und Emotionalität. Rousseau hatte als junger Mann die ganze Region durchstreift. Später lebte er hier als Verfolgter in der Nähe Lausannes und auf der Peter-Insel im Bieler See. Und eine Generation später erschienen schon die Engländer auf der Pilgerfahrt zu den geheiligten Stätten

ihrer Jugendlektüre, angeführt von Byron und Shelley und Mary Shelley, die in einer Villa am Genfer See ihren Roman ›Frankenstein‹ schrieb. Als Europa die Lektüre der ›Neuen Heloise‹ beendet hatte, war auf der mentalen Landkarte seiner Bewohner plötzlich die Schweiz als ein Ort sichtbar geworden, an dem die Erhabenheit ihren Wohnsitz genommen hatte. Insofern gilt: Die Schweiz ist eine Erfindung Rousseaus.

REX: Natürlich wurde sie noch ein paarmal nacherfunden. Schiller hat sie noch einmal erfunden mit dem ›Wilhelm Tell‹ und dem ganzen Rütli-Mythos.

HERMIA: Aber da setzt er nur Rousseau fort. Auch der hatte schon die Schweiz als Modell der freiheitlichen Basisdemokratie verherrlicht.

REX: Ja, aber er tat es für die welsche Schweiz. Schiller aber bewerkstelligte das für die Deutsch-Schweizer, und die sind in der Mehrzahl.

MODERATOR: Wie sind Sie überhaupt auf dieses Thema »Schweiz« verfallen? Gibt es da ein gemeinsames Interesse? Wie haben Sie sich überhaupt kennengelernt?

HERMIA: Ja, das ist eine lange Geschichte...

REX: Das sollten wir hier vielleicht noch nicht erzählen, weil das in dem neuen Buch eine Rolle spielen wird, das wir über die Schweiz schreiben.

HERMIA: Auf jeden Fall hat das mit der Beziehung der Schweiz zu Deutschland zu tun.

MODERATOR: Können Sie das etwas näher erläutern?

REX: Ja, wie soll man das in wenigen Worten klarmachen? Sehen Sie, die Schweiz ist ein bißchen so wie

Holland, eine Version Deutschlands, wie es hätte sein können, wenn es gleich demokratisch und calvinistisch geworden wäre.

HERMIA: Das ist seine These, nicht meine.

REX: Dein geliebter Rousseau war ein entblößungssüchtiger Calvinist!

HERMIA: Der das Leben eines Taugenichts führte.

REX: Sie sollten uns nicht zusammen interviewen.

MODERATOR: Wie arbeiten Sie überhaupt zusammen, wenn Sie Ihre Bücher schreiben?

HERMIA: Genau so wie jetzt. Wir diskutieren.

REX: Da werden die Formulierungen deutlicher.

HERMIA: Ja, und plastischer.

MODERATOR: Und wer schreibt schließlich den Text?

REX: Wir haben da ein besonderes Verfahren.

HERMIA: Der eine schreibt, aber der andere darf den Text völlig nach seinem Geschmack revidieren und umschreiben.

MODERATOR: Und der ursprüngliche Verfasser darf sich dagegen nicht wehren?

REX: Nein. Die Idee ist, daß der Verfasser ein Experte ist, der die Sache, die er darstellt, gut kennt. Daß der Revidierende aber den Leser vertritt, der den Text so umschreibt, daß er einen Laien auch interessiert. In unserem Buch zum Beispiel habe ich den Text über Frisch und Dürrenmatt verfaßt und dargelegt, wieso die beiden in der Bundesrepublik so bald zu den Hausdichtern wurden. Davon hat Hermia nur die Verfilmung der ›Ehe des Herrn Mississippi‹ übriggelassen.

HERMIA: Na, da übertreibt er wahnsinnig. Wir haben

uns nämlich darüber gestritten, warum zur gleichen Zeit die Schweizer Filmschauspieler so sehr den deutschen Film beherrschten.

REX: Und was für fürchterliche Schauspieler...

HERMIA: Liselotte Pulver zum Beispiel...

REX: Die Lacherin vom Emmental. Die Inkarnation der Pfundigkeit, nach dem Motto: »Lilo schlägt sich durch«. Heute würde sie jeder Feministin die Röte der Wut ins Gesicht treiben.

HERMIA: Und Maria Schell und dieser Pseudo-Schweizer ...

REX: Du meinst den Bluntschli-Darsteller. O ja, die Illustration der alten Temperamentenlehre. Fischer, dieser alpine Rühmann, steht für das Trockene, und die Schell wird als Heulsuse der Nation die Königin der Feuchtigkeit. Wenn sie lächelte, dann nur unter Tränen.

MODERATOR: Hat sie nicht auch in ›Doktor Schiwago‹ mitgespielt?

REX: Nur wenn darin geflennt werden mußte. Sie war die würdige Nachfolgerin der Kristina Söderbaum, der staatlich geprüften Reichswasserleiche.

MODERATOR: Aber die Schell lebt doch noch!

REX: Das sagte Kristina Söderbaum auch, als sie die Reichswasserleiche spielte.

MODERATOR: (Pause). Ach so, ja, ja, selbstverständlich. Jedenfalls ist Ihre Zusammenarbeit... wie soll ich sagen... helfen Sie mir...

REX: Nicht ohne gespannte Harmonie?

MODERATOR: Nein...

HERMIA: Von dissonanter Übereinstimmung?

MODERATOR: Was ich meine...

REX: Sie meinen, wir fetzen uns...

MODERATOR: Ja, das vielleicht nicht gerade...

HERMIA: Nun ja. Er wird manchmal gewalttätig, aber nur, wenn es extrem wird.

MODERATOR: Sie scherzen, ha, ha, ha, ha.

REX: Sie verdreht die Verhältnisse. Gewalttätig wird sie. Neulich hat sie so heftig auf den Computer gehauen, daß er abgestürzt ist.

HERMIA: Na ja, ich hatte so ein schönes Kapitel über Gottfried Keller und C. F. Meyer geschrieben, und da hat er nur übriggelassen, daß Meyer in die Verrücktenanstalt kam und daß Keller einen Hang hatte, sich zu prügeln. Als ob das die Leute interessieren würde!

REX: Natürlich interessiert sie das! Da lesen sie den ›Grünen Heinrich‹ mit ganz anderen Augen. Um aber auf die Beziehung zu Deutschland zurückzukommen – wir betonen deshalb die literarische Seite der Schweiz so sehr, um zu zeigen, wie ein Land sich selbst kulturell erfindet. Daß es sozusagen eine Wahl hat, sich selbst zu erschaffen. Und daß die pure Existenz der Schweiz für die Deutschen immer eine Alternative dargestellt hat, an der sie sehen konnten, daß sie in der Vergangenheit immer die falsche Wahl getroffen hatten.

HERMIA: Ja, und das ist der Grund, daß in periodischen Abständen Schweizer Schriftsteller deutsche Lesebuch-Klassiker werden. Meyer und Keller für die gymnasiale Mittelstufe vor 68, Frisch und Dürrenmatt für die Oberstufe danach. ›Andorra‹ ist geradezu eine Pflichtlektüre geworden.

MODERATOR: Jetzt ist die Schweiz aber auch von ihrer Vergangenheit eingeholt worden.

REX: Ja, und man sieht es an dem Aufschrei, wie wenig sie daran gewöhnt ist. Die Schweizer sind in der Hinsicht so unbefangen, daß sie den Deutschen den einzigen ernstzunehmenden Konservativen von einiger intellektueller Statur geliefert haben, der die Bundesrepublik je unsicher gemacht hat.

MODERATOR: Sie meinen ...

REX: Ich meine Armin Mohler, der ›Die konservative Revolution‹ geschrieben hat. Er stammt aus Basel, hat sich während des Krieges als junger Mann über die Grenze geschlichen und zur Waffen-SS gemeldet, um mit den Deutschen das Abendland gegen die sowjetische Barbarei zu verteidigen. Gott sei Dank haben sie ihn nicht genommen.

MODERATOR: Wann wird denn Ihr neues Buch erscheinen?

REX: Das wissen wir nicht.

HERMIA: Wir können uns noch nicht einigen.

MODERATOR: Und was ist das Problem?

HERMIA: Nun, wir waren uns einig, daß wir so etwas machen wollten wie das Schorske-Paradigma.

REX: Damit meint sie das Porträt eines geistigen Ortes.

HERMIA: Und nun sind wir in einer Selbstblockade gelandet. Er ist für Genf und ich für Zürich.

MODERATOR: Das ist ja wunderbar. Dann können Sie ja unseren Zuschauern mal vorführen, was sich für die eine und die andere Stadt sagen läßt.

REX: Soll ich anfangen? Na ja, ich komme immer wieder auf diese Beziehung zu Deutschland zurück. Ich muß da etwas ausholen.

HERMIA (zum Moderator): Da sollten sie lieber in Deckung gehen.

REX: Ich muß vorausschicken, daß ich eine Zeitlang auf deutschen und amerikanischen Universitäten unterrichtet habe. Und da wird einem klar, daß die Deutschen trotz der atlantischen Gemeinschaft etc. die Amerikaner und Engländer und ihre Institutionen nicht kapiert haben.

HERMIA: Er meint, sie hätten deswegen die Demokratie nicht kapiert.

REX: Ganz recht. Sie haben ihre Motive, ihre Wurzeln, die zugehörigen Haltungen und Einstellungen nicht kapiert. Und warum nicht?

MODERATOR: Ja, warum nicht?

REX: Weil sie nicht wissen, daß die geistige Hauptstadt der Angelsachsen Genf ist.

MODERATOR: Da haben Sie recht. Das ist noch weitgehend unbekannt.

REX: Sehen Sie, Sie wußten es auch nicht. Aber doch ist es so. Zwischen 1541 und 1564 wirkte in Genf ein puritanischer Ayatollah namens Calvin und schuf dort einen puritanischen Gottesstaat. Während sich in Deutschland die lutherische Amtskirche dem Staat unterwarf, machte Calvin Genf zum Modell einer Theokratie. Sie wurde zum Vorbild fast aller fundamentalistischen und puritanischen Gemeinden in Holland, England und Amerika. Ihr oberstes Prinzip heißt: Recht und Gesetz der Gemeinde stehen in der Bibel. Die Pastöre und Ältesten wachen über die Einhaltung des Gesetzes. Zum Mittelpunkt der Theologie wird die Prädestinationslehre: Gott hat von Anbeginn der Schöpfung schon vor-

herbestimmt, wen er erwählt und wen er verdammt hat. Diese eigenartige, fatalistisch klingende Lehre wirkt außerordentlich motivierend, wenn man hinzudenkt: Den, der erwählt ist, erkennt man an seinem tugendhaften Lebenswandel. Zur Tugend gehört, daß man die von Gott geschenkte Zeit nicht an Müßiggang oder Laster verschwendet, sondern der gottgefälligen Arbeit widmet. Daß man auch die Früchte der Arbeit nicht verpraßt und genießt, sondern wieder reinvestiert. Das wird, wie wir wissen, zum Motor des Kapitalismus. Aber auch zum Motor der Demokratie.

Denn zum Calvinismus gehört die Unmittelbarkeit der Gotteserfahrung. Sie erwächst aus der direkten Begegnung mit Gottes Wort in der Lektüre der Heiligen Schrift. Die Bibel wird zum subversivsten Buch der Geschichte. Hier holt man sich das Selbstbewußtsein und die Legitimation, gegen jede Obrigkeit aufzubegehren, die Gottes Wort mißachtet. Vor Gott ist jeder Mensch gleich. Und aus dieser Erfahrung wächst der Geist der Revolution, der jede Hierarchie und jede Ungleichheit als Anmaßung empfindet. In den freien Gemeinden Englands und Amerikas wird die Demokratie geboren. Doch gezeugt wurde sie in Genf.

MODERATOR: Aber Ihre Frau ist anderer Meinung.

HERMIA: Ich bestreite gar nicht die Wichtigkeit des Calvinismus. Aber das liegt doch nun alles weit zurück. Das ist alles 16. und 17. Jahrhundert. Ich möchte aber die Geburt der Moderne zeigen, so wie Schorske das gemacht hat.

MODERATOR: Meinen Sie, Zürich zum Beispiel sei da besser geeignet?

REX: *Meinen Sie Zürich zum Beispiel*
Sei eine tiefere Stadt,
Wo man Wunder und Weihen
Immer als Inhalt hat?
MODERATOR: Wie bitte?
REX: Benn.
MODERATOR: Sie meinen Bonn?
HERMIA: Nein, Zürich.
MODERATOR: Ah, ja, Zürich. Hermann Hesse, Thomas Mann und so weiter.
HERMIA: Ja, das auch. Aber ich meine Zürich zu einer bestimmtem Zeit. Nämlich Zürich im Ersten Weltkrieg, 1916 und 1917. Da wird die Stadt zur Welthauptstadt im doppelten Sinne.
MODERATOR: Sie meinen, wegen der Banken?
HERMIA: Ich meine, wegen der Emigranten, die sich plötzlich alle in Zürich einfinden. 60 000 an der Zahl. Und der Krieg um sie herum radikalisiert sie. Sie erleben ihn als kollektiven Wahnsinn der Völker. Die Avantgarde der Avantgarde bilden die Dadaisten. Sie produzieren ihre irrsinnigen Darbietungen im Café Voltaire in der Spiegelgasse. Dazu gehören Hugo Ball, Emmy Hennings, Richard Huelsenbeck, Tristan Tzara und Hans Arp. Und wissen Sie, wer genau gegenüber wohnt? Er muß den Krach, den die Dadaisten gemacht haben, direkt gehört haben. Wissen Sie, wer das war?
MODERATOR: Keine Ahnung.
HERMIA: Wladimir Iljitsch Lenin.
MODERATOR: Tatsächlich? Und ist er auch zu den Aufführungen der Dadaisten gegangen?
HERMIA: Das hätte er sicherlich für Zeitverschwen-

dung gehalten. Aber in Wirklichkeit war er mit Problemen beschäftigt, die nachträglich nicht weniger dadaistisch wirkten. Während die Großmächte aufeinander eindreschen, ist er völlig von den arbeitenden Massen isoliert.

Trotzdem organisiert er unverdrossen die Kongresse der Sozialistischen Internationale, etwa die Konferenz von Zimmerwald. Wissen Sie, wie viele Delegierte dahin kamen? Wer da anwesend war? Laut Protokoll seine Frau, Lenin selbst, Sinowjew und ein Polizeispitzel. Das waren alle. Das ist genauso irre wie die Veranstaltungen des Café Voltaire. Und doch ging davon die Weltrevolution aus. Das muß man sich mal vorstellen!

MODERATOR: Sehe ich recht, daß sich zwischen Ihnen beiden zwischen Genf und Zürich die Kluft zwischen Kapitalismus und Sozialismus auftut?

REX: Nein, darum geht es nicht.

HERMIA: Eher die Kluft zwischen Geschichte und Gegenwart. Denn es gibt nämlich noch einen Emigranten, der sich nach Zürich begibt.

MODERATOR: (schaut ratlos drein).

REX: Sie meint James Joyce.

HERMIA: Ganz recht: James Augustine Joyce. Gebürtig aus Dublin. Kommt aus Triest und schreibt in Zürich das Epos der Städtebewohner, den modernen Großstadtroman par excellence, die Zweitfassung der Odyssee, den Jahrhundertroman ›Ulysses‹.

REX: Meine Frau glaubt entdeckt zu haben, daß Joyce die Welt irregeführt habe, wenn er vorgebe, im ›Ulysses‹ Dublin zu beschreiben. In Wirklichkeit beschreibe er: Zürich. Sie sei in den Roman eingewandert. Die Stadt, in

der der »Bloomsday« und der literarische Weltalltag der Epoche ablaufe, sei gar nicht Dublin, sondern Zürich.

HERMIA: Ist Ihnen schon mal aufgefallen, daß die Topographie Zürichs ganz ähnlich wie die Dublins ist? Sie werden beide von Flüssen geteilt, Dublin vom Liffey und Zürich von der Limmat. Sie haben beide ein Seeufer, die Flußufer heißen in beiden Städten Quais, beide Flüsse haben Nebenarme, Dobber und Sihl, und der Grand Canal ähnelt dem Schanzengraben in Zürich. Bloom ist der Typ des Emigranten, den Joyce in Zürich traf: der wandernde Jude, der moderne Odysseus. Von den achtzehn Kapiteln des ›Ulysses‹ schrieb Joyce allein zwölf in Zürich. Dabei zog er ständig um, selbst ein moderner Odysseus. Ist es da wahrscheinlich, frage ich, daß Joyce, der auf seine unmittelbare Umgebung immer hochsensibel reagierte und alles in sich aufnahm, ist es da denkbar, daß er da nicht das Dublin seiner Erinnerung mit dem Zürich seiner gegenwärtigen Erfahrung verschmolz? Ganz recht, die paradigmatische Stadt der Moderne, das neue Labyrinth, das Asyl der Emigranten, ist Zürich.

MODERATOR: Ist Joyce nicht auch in Zürich begraben?

HERMIA: Ja. Im Zweiten Weltkrieg kehrte er aus Paris nach Zürich zurück und starb hier 1941. Sie haben ihm sogar ein Denkmal auf dem Friedhof errichtet. Die Züricher hätten sogar eine Straße nach ihm benannt, aber das Rathaus hat das abgelehnt.

MODERATOR: O, sie sind doch nicht so weltoffen?

HERMIA: Nein, der Grund war: auf Züri-Dütsch kann man den Namen James Joyce nicht aussprechen.

MODERATOR: Um ganz ehrlich zu sein, finde ich

diesen Hintergrund etwas interessanter als den Calvinismus Ihres Mannes.

HERMIA: Das ist bei ihm ein Lebensthema. Er ist selbst ein Calvinist.

REX: O, argumentieren wir ad personam? Dann darf ich nicht verschweigen, was ich neulich entdeckt habe. Meine Frau hatte mir gerade eine verschärfte Version ihres Konzepts vorgetragen, als ich einige Tage danach ins Theater ging, um Tom Stoppards ›Travesties‹ zu sehen.

HERMIA: Jetzt kommt der ultimative Niederschlag.

REX: Wer beschreibt mein Erstaunen, als ich in der Aufführung in das Zürich von 1917 entführt werde, und zwar in eine phantastische Story. Kennen Sie Oscar Wildes ›Bunbury‹? Eine wilde Verwechslungskomödie mit zwei Liebhabern und zwei Frauen? Na, wie es der Zufall will, hat Joyce diese Komödie 1916 oder 17 in Zürich inszeniert, um britische Kulturpropaganda zu machen. Das nimmt Stoppard zum Anlaß, sie zur Vorlage einer Travestie zu machen, in der Joyce und Lenin die Rolle der Liebhaber spielen und ihre beiden Sekretärinnen aus Versehen die Manuskripte vertauschen. Auf diese Weise konfrontiert Stoppard die revolutionäre Theorie mit der revolutionären Ästhetik im Geiste der Dadaisten von Zürich. Da wußte ich plötzlich, woher meine Frau ihre Idee hatte.

MODERATOR: Ja, aber sie kann trotzdem gut sein.

REX: Ach was! Meine Frau hat Tom Stoppard bei einem Theaterfestival ausgiebig kennengelernt und will sich ihm auf diese Weise empfehlen.

HERMIA: Mein Mann ist in dem Wahn befangen, ich

hätte früher mit Stoppard ein Verhältnis gehabt, und zwar in Zürich.

MODERATOR: Das ist ja alles rasend interessant. So können unsere Zuschauer mal einen Blick in Ihre Werkstatt werfen. Wie werden Sie denn Ihr Problem lösen?

HERMIA: Entweder wir lassen uns scheiden...

REX: Oder wir schließen einen Kompromiß.

HERMIA: Wissen Sie, das ist wie im Ersten Weltkrieg zwischen der französischen und der deutschen Schweiz. Die Deutsch-Schweizer waren für Deutschland und die Welschen für Frankreich. Am Ende einigten sie sich, indem sie die Identität der Schweiz entdeckten.

MODERATOR: Also die Mutter der Schweiz ist eigentlich der Erste Weltkrieg?

HERMIA: So könnte man es formulieren.

MODERATOR: Und wie wird der Kompromiß in Ihrem Falle aussehen?

REX: Wahrscheinlich werden wir uns auf Ascona einigen.

MODERATOR: Warum Ascona?

REX: Na, erstens liegt es weder in der welschen noch der deutschen Schweiz, sondern in der italienischen...

MODERATOR: Also im Tessin.

HERMIA: Ja, und zweitens wurde dort genau vor hundert Jahren, pünktlich zum neuen Jahrhundert, auf dem Monte Verità der erste Ashram gegründet, wo die Naturanbeter, Nudisten und Lebensreformer ihre Bärte wachsen ließen und sich miteinander und der Natur vermählten. Es war eine richtige Kommune. Hermann Hesse machte hier eine Entziehungskur, Erich Mühsam suchte hier die Wahrheit, und Ernst Toller betete die Sonne an.

MODERATOR: Das klingt ja wie ein Parteitag der Grünen.

REX: War es auch. Hier landeten sämtliche Alternativen Europas: Vegetarier, Gurus, Mystagogen, Heilpraktiker, Theosophen, Nudisten, Sozialisten, Sonnenanbeter, Psychoanalytiker, Panerotiker, Anarchisten, alternative Architekten und Erleuchtete aller Schattierungen.

HERMIA: Wissen Sie, alles, was in Europa irgendwie anstößig war, das ging in die Schweiz.

REX: Und deshalb lieben wir das Land. Es ist bei aller Solidität zugleich äußerst exzentrisch.

HERMIA: Ja, irgendwie bürgerlich und zugleich radikal.

MODERATOR: Könnte man sagen, so wie Sie beide?

HERMIA und REX: (schauen sich an, beide:) Ich glaube schon. (Sie lachen beide).

MODERATOR: Ich danke Ihnen für dieses Gespräch.

Enzyklopädisches Stichwort:
folie à deux

Eine folie à deux nennt man eine komplementäre Beziehung, bei der sich die Charakterdeformationen der beiden Partner gegenseitig ergänzen und stützen. Bekanntestes Beispiel ist die Paarung Sadist/Masochist. Die Partner begründen dabei eine von der normalen Welt getrennte Sonderwelt, die sie nur miteinander und mit niemand sonst teilen. Diese Welt ist durch eine Passion, eine Illusion oder eine Obsession beherrscht, die sich aus der Art ergibt, in der die pathologischen Beziehungsaspekte ineinandergreifen: So kann eine Frau sich zu einem unangenehmen und egoistischen Mann hingezogen fühlen, weil sie in dem Wahn lebt, nur sie allein könne ihn reformieren, während er gerade deshalb egoistisch und unangenehm bleibt, weil er gegen Reformversuche allergisch ist. Ihre Reformversuche sorgen für seine Unreformierbarkeit, und seine Unreformierbarkeit sichert den von ihr benötigten Reiz des permanenten Reformbedarfs. Solch eine Beziehung wird außerordentlich starr. Jeder stabilisiert mit seinem Verhalten den anderen, den er angeblich verändern möchte. Die Beziehung ist zirkulär, so wie wenn sie nörgelt, weil er sich zurückzieht, und er sich zurückzieht, weil sie nörgelt. Die dabei investierten Gefühle sind nicht abnutzbar und wirken nach Jahren so frisch wie am ersten Tag. In der Fachliteratur hat sich auf Grund der ersten Beschrei-

bung dieses Sachverhalts durch zwei französische Psychiater der Begriff »folie à deux« oder »délire à deux« eingebürgert. Andere Bezeichnungen, die man bisweilen in der Literatur findet, sind »the gruesome twosome« (»das grausige Duo«) oder »Kollusion«. In der populären Literatur ist eher der Begriff des »Co-Addict« verbreitet, der die Komplementärrolle eines Süchtigen spielt und ihn durch seine ebenfalls an Sucht grenzende Opferbereitschaft in seiner Sucht stabilisiert.

Bei all dem soll nicht verschwiegen werden, daß nach den vorliegenden Kriterien auch die Liebe selbst als folie à deux beschrieben werden muß. Das stimmt damit überein, daß in der Tradition die Passion als ein Leiden galt, das einer Krankheit nahekam und als Wahn gedeutet werden mußte.

(Encyclopaedia of Anti-Psychiatry and Personality Disorders. New York, Sydney, London, Buenos Aires, 1992)